V&R unipress

Beiträge zu Grundfragen des Rechts

Band 30

Herausgegeben von
Stephan Meder

Albert Janssen

Der Staat als Garant der Menschenwürde

Zur verfassungsrechtlichen Bedeutung des Artikels 79 Abs. 3 GG für die Identität des Grundgesetzes

V&R unipress

MIX
Papier aus verantwortungsvollen Quellen
FSC
www.fsc.org
FSC® C083411

Bibliografische Information der Deutschen Nationalbibliothek
Die Deutsche Nationalbibliothek verzeichnet diese Publikation in der Deutschen Nationalbibliografie; detaillierte bibliografische Daten sind im Internet über https://dnb.de abrufbar.

2., überarbeitete Auflage

Druck und Bindung: CPI books GmbH, Birkstraße 10, D-25917 Leck
Printed in the EU.

Vandenhoeck & Ruprecht Verlage | www.vandenhoeck-ruprecht-verlage.com

ISSN 2198-5405
ISBN 978-3-8471-1220-4

Den Freunden

Jörg-Detlef Kühne

Dieter Radtke

Hinrich Wöckener

Inhalt

Vorwort

Die vorliegende Abhandlung knüpft an Gedanken an, die ich in zwei in den Jahren 2014 und 2016 erschienenen Sammelbänden mit Aufsätzen zum geltenden deutschen Verfassungsrecht und zu den Grundlagen des juristischen Denkens publiziert habe. Waren diese Aufsätze primär durch meine langjährigen Berufserfahrungen als in der Praxis tätiger Verwaltungs- und Parlamentsjurist veranlasst, so geht es mir jetzt darum, das sie mehr oder weniger bestimmende »historisch-dogmatische Ganze« (Savigny) herauszuarbeiten. Der Nachweis, dass dieses »historisch-dogmatische Ganze« des Grundgesetzes in Art. 79 Abs. 3 GG seinen (spannungsreichen) Niederschlag gefunden hat und darin dessen Bedeutung für die Identität des Grundgesetzes besteht, ist darum das Ziel der vorliegenden Erörterungen. Diese Zielsetzung erscheint mir im Übrigen deshalb sinnvoll, weil die hier im Anhang geschilderten bedenklichen Entwicklungen in der deutschen Verfassungswirklichkeit ebenfalls eine solche Rückbesinnung auf die Identität des Grundgesetzes erfordern. Anzumerken bleibt für die vorliegende zweite Auflage dieser Abhandlung schließlich noch, dass sie sich von der ersten vor allem durch eine Neufassung des Kapitels VII und der Vorbemerkung im Anhang unterscheidet.

Hildesheim, im Frühjahr 2020 Albert Janssen

Abkürzungsverzeichnis

Aufgenommen wurden nur die für die Rechtsquellen und die Belege aus Rechtsprechung und Literatur benutzten Abkürzungen.

AL	AD LEGENDUM (Zeitschrift)
AöR	Archiv des öffentlichen Rechts
BGB	Bürgerliches Gesetzbuch
BVerfGE	Entscheidungen des Bundesverfassungsgerichts
Der Landkreis	Zeitschrift
Der Staat	Zeitschrift
DVBl.	Deutsches Verwaltungsblatt
DÖV	Die öffentliche Verwaltung (Zeitschrift)
GG	Grundgesetz für die Bundesrepublik Deutschland
HStR	Handbuch des Staatsrechts der Bundesrepublik Deutschland
JURA	Juristische Ausbildung (Zeitschrift)
JuS	Juristische Schulung (Zeitschrift)
JZ	Juristenzeitung
NdsLT-Drs.	Drucksache des niedersächsischen Landtages (Wahlperiode und Nummer)
NWLT-Drs.	Drucksache des nordrhein-westfälischen Landtages (Wahlperiode und Nummer)
VVDStRL	Veröffentlichungen der Vereinigung der Deutschen Staatsrechtslehrer
ZevKR	Zeitschrift für evangelisches Kirchenrecht
ZRP	Zeitschrift für Rechtspolitik

I. Die besondere verfassungstheoretische Bedeutung des Artikels 79 Abs. 3 GG

Dass durch Art. 79 Abs. 3 GG die Identität des Grundgesetzes geschützt werden soll, hat das Bundesverfassungsgericht in Übereinstimmung mit der h. L. bis in seine jüngste Rechtsprechung hinein häufig betont[1]. Wenn ich es recht sehe, haben aber die bisherigen Auslegungen des Art. 79 Abs. 3 GG durch die Rechtsprechung des Gerichts und die Lehre zwei besondere rechtliche Eigenschaften dieser Vorschrift, die m. E. für ihr richtiges Verständnis konstitutiv sind, übersehen bzw. nicht hinreichend gewürdigt: Zum einen das dem Art. 79 Abs. 3 GG immanente Spannungsverhältnis zwischen Art. 1 und 20 GG; zum anderen das die besondere Geschichtlichkeit dieser Vorschrift prägende Spannungsverhältnis zwischen der ihr aufgegebenen Bewahrung der Verfassungsidentität und ihrer Legitimation wie Inhaltsbestimmung durch die verfassungsgebende Gewalt des deutschen Volkes. Beide erwähnten rechtlichen Eigenschaften des Art. 79 Abs. 3 GG laufen für seine Auslegung auf die Forderung des rechten Unterscheidens hinaus. Dieses darf kein trennendes, sondern muss ein in die rechte Beziehung setzendes Unterscheiden sein[2]. Das ist jetzt genauer zu begründen.

1. Das dem Artikel 79 Abs. 3 GG immanente Spannungsverhältnis zwischen den Artikeln 1 und 20 GG

Zunächst verlangt – wie soeben angemerkt – schon der vom Wortlaut des Art. 79 Abs. 3 GG her gestiftete Zusammenhang zwischen den Art. 1 und 20 GG eine Deutung, die das Spannungsverhältnis zwischen beiden Vorschriften nicht

1 Siehe etwa: BVerfGE 142, 123 (134, 212); 146, 216 (291f.); 148, 296 (355); 151, 202 (286f., 324f.).

2 Grundsätzlich zur (juristischen) Denkform des Unterscheidens *Albert Janssen*, Die Kunst des Unterscheidens zwischen Recht und Gerechtigkeit. Studien zu einer Grundbedingung der Rechtsfindung (2016), bes. S. 13f., 197f., 225, 238f., 262ff. u. a. Dass mit dieser Denkform ein ganz bestimmtes (philosophisches) Wirklichkeitsverständnis verbunden ist, sei ausdrücklich betont, s. insoweit Janssen, a. a. O., S. 92f., 180f., 195, 203, 236f., 259ff., 293f., 299ff., 304, 305 zur »Ontologie der Relation«.

auflöst, sondern diese eben in eine rechte Beziehung zueinander setzt. Das ergibt sich aus folgender Überlegung:

Dem Art. Abs. 1 GG kommt, wie richtig gesagt worden ist, für den deutschen Verfassungsstaat »das volle Gewicht einer normativen Grundlegung dieses geschichtlich konkreten Gemeinwesens zu«[3]. Diese Aussage der genannten Vorschrift ist dann wie folgt zu präzisieren: In Art. 1 Abs. 1 S. 1 GG wird die Menschenwürde »als konstituierendes Prinzip quasi axiomatisch gesetzt und braucht in ihrer Herkunft nicht begründet zu werden«. Der Satz 2 von Art. 1 Abs. 1 GG »*transformiert*« dann diesen »vorrechtlichen Geltungsanspruch ... in einen rechtlichen Achtungs- und Schutzanspruch«[4].

Die sich daran anschließende Frage lautet dann, welche Eigenschaften denn die »staatliche Gewalt« besitzen muss, die nach Art. 1 Abs. 1 S. 2 GG den »rechtlichen Achtungs- und Schutzanspruch« zu realisieren hat. Und auf eben diese Frage gibt Art. 79 Abs. 3 GG die entscheidende Antwort, wenn er eine Änderung der »in den Artikeln 1 *und* 20 niedergelegten Grundsätze« für unzulässig erklärt. Denn seine rechtliche Aussage besteht damit ja neben dem Ausschluss einer Änderung dieser Grundsätze auch darin, dass er dem inhaltlich durch Art. 20 GG geprägten Staat die Aufgabe des Art. 1 Abs. 1 S. 2 GG zuspricht und ihn *damit* zum Garanten der Menschenwürde macht. Der Sinn des Zusammenhangs, der zwischen Art. 1 und 20 GG durch Art. 79 Abs. 3 GG gestiftet wird, ist demnach der, dass auf diese Weise das »Optimierungsgebot«[5] des Art. 1 Abs. 1 S. 2 GG konkretisiert wird.

Es bleibt dann aber immer noch zu klären, ob so *tatsächlich* die Menschenwürde i. S. des Art. 1 Abs. 1 S. 1 GG geachtet und gefördert wird. Denn das macht ja das dem Art. 79 Abs. 3 GG immanente Spannungsverhältnis aus, dass seine Konkretisierung des Optimierungsgebots im Sinne des Art. 1 Abs. 1 S. 2 GG nur dann den verfassungsrechtlichen Anforderungen genügt, wenn sie als Beitrag zum Konstitutionsprinzip des Grundgesetzes, der Menschenwürde, verstanden werden kann. Dabei besteht bei allem Streit über den verfassungsrechtlich verbindlichen Inhalt der Menschenwürde i. S. des Art. 1 Abs. 1 S. 1 GG zumindest insoweit Einigkeit, als von dieser Vorschrift die (Rechts-)Subjektivität eines jeden Menschen vorbehaltlos anerkannt wird[6], so dass darin folglich die Kon-

3 So *Konrad Hesse*, Grundzüge des Verfassungsrechts der Bundesrepublik Deutschland (20. Aufl. 1995), Rn. 116.

4 So die zutreffende Differenzierung von *Rolf Gröschner*, Weil Wir frei sein wollen. Geschichten vom Geist republikanischer Freiheit (2016), S. 118f. (Hervorhebung A.J.), genauer dazu S. 115ff.

5 Ausdruck von *Rolf Gröschner*, Menschenwürde und Sepulkralkultur in der grundgesetzlichen Ordnung. Die kulturstaatlichen Grenzen der Privatisierung im Bestattungsrecht (1995), S. 67f., genauer dazu S. 45ff. Folgerichtig darum auch seine (vielfach auch von anderer Seite vertretene) These (a. a. O., S. 45), »dass Art. 1 Abs. 1 Satz 1 kein Grundrecht verleiht«.

6 Man muss also in Art. 1 Abs. 1 »das Prinzip der Subjektivität auch für die staatliche

kretisierung des Optimierungsgebots durch Art. 79 Abs. 3 GG ihren entscheidenden Maßstab findet.

2. Das dem Artikel 79 Abs. 3 GG immanente Spannungsverhältnis zwischen dem Schutz der Verfassungsidentität und der Geschichtlichkeit der verfassungsgebenden Gewalt des deutschen Volkes

Für die richtige Auslegung des Art. 79 Abs. 3 GG als Schutzbestimmung der Verfassungsidentität ist noch das richtige Verständnis seiner besonderen Geschichtlichkeit zu beachten. Denn sie liefert erst die eigentliche Erklärung für den soeben aufgezeigten, dem Art. 79 Abs. 3 GG immanenten Spannungsgedanken.

Diese besondere Geschichtlichkeit besitzt ihren Grund darin, dass Art. 79 Abs. 3 GG (auch) als verbindliche Inhaltsbestimmung des durch die verfassungsgebende Gewalt des deutschen Volkes geäußerten Willens zu verstehen ist[7]. Denn der ja *über* der Verfassung (dem Verfassungsgesetz) stehende pouvoir constituant wirkt auch nach Erlass des Grundgesetzes fort und bestimmt auf diese Weise nicht nur die *Auslegung* der durch Art. 79 Abs. 3 GG geschützten Grundsätze. Vielmehr markiert er daneben – und das ist die wesentliche rechtliche Bedeutung der von dieser Vorschrift bewirkten Inhaltsbestimmung des durch die verfassungsgebende Gewalt des Volkes geäußerten Willens – die *Grenze*, die zwischen der Auslegung des Art. 79 Abs. 3 GG und einer nicht mehr mit seinem Wortlaut zu vereinbarenden Entwicklung der Verfassungswirklichkeit besteht. – Oder anders gesagt: Den Fall einer solchen Grenzüberschreitung kann nach Art. 79 Abs. 3 GG nur noch das Volk als Inhaber der verfassungsgebenden Gewalt (durch positive Volksentscheid) rechtfertigen[8].

Rechtsordnung als bindend anerkannt« sehen, so richtig *Christoph Enders*, Die Menschenwürde in der Verfassungsordnung. Zur Dogmatik des Art. 1 GG (1997), S. 399 und passim. Zu den verschiedenen verfassungsrechtlichen Deutungen der Menschenwürde übersichtlich: *Manfred Baldus*, Kämpfe um die Menschenwürde. Die Debatten seit 1949 (2016); zu Enders dort S. 175f., auch S. 359f.

7 Zur genaueren Begründung dieses Verständnisses von Art. 79 Abs. 3 GG s. *Albert Janssen*, Die gefährdete Staatlichkeit der Bundesrepublik Deutschland. Beiträge zur Bewahrung ihrer verfassungsrechtlichen Organisationsstruktur (2014), S. 543ff. Ganz in diesem Sinne auch etwa BVerfGE 123, 267 (344): »Die Verletzung der in Art. 79 Abs. 3 GG festgelegten Verfassungsidentität ist aus der Sicht des Demokratieprinzips zugleich ein Übergriff in die verfassungsgebende Gewalt des Volkes«.

8 Zur verfassungsrechtlichen Begründung dieser Folgerung s. nur die Kommentierung des Art. 146 GG von *Peter M. Huber*, in: Michael Sachs (Hrsg.), Grundgesetz. Kommentar (8. Aufl. 2018), Rn. 8ff. mit weiteren Nachweisen. Dass erst das Festhalten an einem (geänderten) Art. 146 GG die Argumentation Hubers ermöglicht, zeigt folgende, lange vor der Wieder-

Dass es insoweit um eminent mit der Geschichtlichkeit des Art. 79 Abs. 3 GG verbundene Fragen geht, folgt aus dem Umstand, dass als Anhaltspunkte für die »Betätigung der verfassungsgebenden Gewalt« einmal die (sich häufig ändernde) öffentliche Meinung, vor allem aber »der ganze Vorgang der geschichtlichen Ausbildung nationaler, politischer Lebensformen« in Betracht kommen[9]. Denn diese Beurteilungskriterien orientieren sich ja an einem Geschichtsverständnis, das »einerseits Wandelbarkeit und andererseits Gebundenheit an die Tradition als Erfahrung« impliziert[10]. In eben dieser doppelten Bedeutung der Geschichte sind sie als Kennzeichen einer »politischen Gesamtentscheidung« zu verstehen, die wiederum – verfassungstheoretisch gesprochen – die Unterscheidung zwischen dieser politischen Gesamtentscheidung als Verfassung und dem Verfassungsgesetz gedanklich voraussetzt[11].

Mit der Annahme einer sich in Art. 79 Abs. 3 GG *verfassungsrechtlich verbindlich* artikulierten politischen Gesamtentscheidung ist also ein Standpunkt gewonnen, »von dem aus man die Erforderlichkeit grundlegender Werte für ein System dartun kann, von dem aus sich andererseits auch die historische Relativität dieser grundlegenden Werte aufzeigen lässt«[12]. Damit ist die den folgenden juristischen Überlegungen zur Identität des Grundgesetzes zugrundeliegende Grundspannung benannt. Die von Art. 79 Abs. 3 GG getroffene politische Gesamtentscheidung besitzt demnach (nur) solange verfassungsrechtliche Verbindlichkeit, wie sie als Ausdruck der sie legitimierenden und sie inhaltlich prägenden verfassungsgebenden Gewalt des deutschen Volkes verstanden werden kann. Es ist der *direkte*, nicht durch das parlamentarische Verfahren (im

vereinigung getroffene Feststellung *Eberhard Menzels* (VVDStRL 12/1954, S. 216): »Das Bonner Grundgesetz kennt … keine institutionalisierte Aktualisierung des pouvoir constituant. Es stellt überhaupt für diesen äußersten Fall (erg.: der Infragestellung der Staatlichkeit der Bundesrepublik Deutschland) keine eigenständige Legitimationsmöglichkeit zur Verfügung. Auch alle Regelungen für das Gebiet der Auswärtigen Gewalt versagen hier.« Mir scheint allerdings diese zuletzt geäußerte Rechtsansicht schon deshalb fraglich, weil der »*pouvoir constituant*, zu dem das Grundgesetz sich bekennt, … *über* dem Grundgesetz (erg.: steht) und … an Verfahrens- und Formvorschriften des Grundgesetzes nicht gebunden sein« kann, so richtig *Dietrich Murswiek*, Maastricht – nicht ohne Volksentscheid! Eine verfassungsrechtliche Analyse, in: Süddeutsche Zeitung Nr. 237 vom 14. Oktober 1992, S. 11 (letzte Hervorhebung A.J.). Einen verfassungsrechtlich gangbaren, sinnvollen Weg, wie in diesem Fall konkret zu verfahren wäre, zeigt *Ulrich Penski* auf, s. ders., Bestand nationaler Staatlichkeit als Bestandteil der Änderungsgrenzen in Art. 79 III GG. Zugleich eine auf das Thema bezogene Stellungnahme zur Maastricht-Entscheidung des BVerfG, ZRP 1994, S. 192 (195f.).

9 So *Wilhelm Henke*, Die verfassungsgebende Gewalt des Volkes (1957), S. 25.

10 So wiederum *Wilhelm Henke*, Ausgewählte Aufsätze. Grundfragen der Jurisprudenz und des Öffentlichen Rechts, hrsg. von Rolf Gröschner und Jan Schapp (1994), S. 127.

11 So *Jan Schapp*, Das subjektive Recht im Prozeß der Rechtsgewinnung (1977), S. 19 im Anschluss an *Carl Schmitt*, Verfassungslehre (1928), S. 20ff.

12 So *Schapp*, a. a. O., S. 20.

positiven wie im negativen Sinne) gefilterte Volkswille, der sich auf diese Weise Geltung verschafft und das besondere Spannungsverhältnis des Art. 79 Abs. 3 GG zwischen dem ihm aufgegebenen Schutz der Verfassungsidentität und seiner Geschichtlichkeit begründet.

3. Ergebnis

Der Art. 1 Abs. 1 GG – verstanden als »normative Grundlegung« eines »geschichtlich-konkreten Gemeinwesens« – enthält in seinem Satz 2 das »Optimierungsgebot«, die Menschenwürde zu achten und zu schützen. Aus dem durch Art. 79 Abs. 3 GG gestifteten Zusammenhang zwischen Art. 1 und 20 GG ergibt sich dann, dass die sog. Ewigkeitsgarantie des Art. 79 Abs. 3 GG als Konkretisierung dieses Optimierungsgebots und deshalb der Staat des Grundgesetzes als Garant der Menschenwürde verstanden werden muss. Für die Auslegung des Art. 79 Abs. 3 GG ist daraus die Forderung abzuleiten, dass nach dieser Vorschrift letztlich die durch Art. 1 Abs. 1 S. 1 GG geschützte Rechtssubjektivität seiner Bürger die Legitimation und den Maßstab für alles staatliches Handeln ausmachen muss.

In Art. 79 Abs. 3 GG ist daneben die verbindliche Inhaltsbestimmung des durch die verfassungsgebende Gewalt des deutschen Volkes geäußerten Willens zu sehen. Damit markiert er die Grenze, die zwischen seiner Auslegung und einer nicht mehr mit dem Wortlaut dieser Vorschrift zu vereinbarenden Verfassungswirklichkeit besteht. Die Tatsache, dass der so normativ bestimmte Inhalt der verfassungsgebenden Gewalt – die »politische Gesamtentscheidung« – von dem *direkten*, nicht durch das parlamentarische Verfahren (im positiven wie im negativen Sinne) gefilterten Volkswillen geprägt ist, begründet also die besondere Geschichtlichkeit des Art. 79 Abs. 3 GG. Der Schutz der Verfassungsidentität durch diese Vorschrift ist danach also mit ihrer Eigenschaft, inhaltlich durch den sich (ständig) wandelnden Volkswillen bestimmt zu sein, in Einklang zu bringen.

II. Zu einer analogen Problematik im evangelischen Kirchenverfassungsrecht

Es sind zwei Gründe, die für einen Rückgriff auf das evangelische Kirchenverfassungsrecht zur Vertiefung des bisher zur besonderen verfassungstheoretischen Bedeutung von Art. 79 Abs. 3 GG Ausgeführten sprechen. Zunächst gibt es einige auffallende Parallelen im Verfassungsrecht der evangelischen Landeskirchen mit den bereits erörterten Grundproblemen des Art. 79 Abs. 3 GG. Daneben ist auf diese Weise eine Antwort auf die hier unter I.2. aufgeworfene (aber letztlich offen gebliebene) Frage möglich, wie von einer Identität der Verfassung bei Anerkennung der grundsätzlichen Geschichtlichkeit des Art. 79 Abs. 3 GG gesprochen werden kann.

Gedankliche Voraussetzung für diesen Rechtsvergleich ist natürlich, dass man einen für die kirchliche wie weltliche Rechtsordnung einheitlichen Rechtsbegriff anerkennt und die Differenz zwischen beiden Rechtsordnungen allein in dem unterschiedlichen Telos, dem sie verpflichtet sind, sieht[13]. Denn nur unter dieser Voraussetzung lässt sich ja mit einem gewissen Recht im Blick auf das bisher zu Art. 79 Abs. 3 GG Ausgeführte von einer *allgemeinen* verfassungstheoretischen Erkenntnis sprechen.

13 Dazu genauer *Dietrich Pirson*, Universalität und Partikularität der Kirche. Die Rechtsproblematik zwischenkirchlicher Beziehungen (1965), S. 22f., s. auch S. 238: »Die Einheitlichkeit des Rechtsbegriffs beruht darauf, dass das Recht sowohl in der Kirche als auch im Staate die Funktion eines Ordnungsprinzips ausübt, durch welches jeweils eine geschichtliche Größe – hier die Kirche, dort der Staat – zusammengehalten und ihr die Erfüllung ihrer geschichtlichen Aufgabe ermöglicht wird.« Siehe daneben hierzu: *Janssen*, Das rechte Unterscheiden (Anm. 2), S. 198ff.

1. Das analoge Spannungsverhältnis in der Bindung des evangelischen Kirchenverfassungsrechts an Schrift und Bekenntnis

Der Grund für eine analoge Problematik im evangelischen Kirchenverfassungsrecht liegt insoweit darin, als das Verfassungsrecht der meisten evangelischen Landeskirchen ebenfalls eine »Ewigkeitsklausel« kennt, nach der entsprechend der in Art. 79 Abs. 3 GG getroffenen Unterscheidung zwischen Art. 1 *und* 20 GG alles kirchliche Recht an Schrift *und* Bekenntnis gebunden ist. Und folgerichtig ist es dann auch, wenn in Übereinstimmung mit dem hier zum Verhältnis von Art. 1 Abs. 1 S. 1 GG zum Optimierungsgebot von S. 2 Ausgeführten gesagt wird, dass das Bekenntnis »in der Überzeugung und unter dem Vorbehalt (erg. seiner) Schriftgemäßtheit formuliert« sein muss[14].

Weiter sieht man durchweg die primäre Rechtswirkung des Bekenntnisses ganz entsprechend dem durch Art. 79 Abs. 3 GG begründeten Verständnis des Staates als Garant der Menschenwürde darin, dass die Kirche mit ihrem Bekenntnis sich als eine Rechtsgemeinschaft konstituiert, die so die Verantwortung für die Schriftgemäßtheit ihres Verkündigungsauftrages übernimmt[15].

Schließlich – und vor allem – bestehen auffallende Parallelen zwischen der Legitimation des Art. 79 Abs. 3 GG und des Bekenntnisses nach evangelischem Kirchenverfassungsrecht. Denn auch das Bekenntnis beruht nicht auf einem (qualifizierten) Synodalbeschluss, sondern auf dem »magnus consensus fratrum et patrum«. Und es kann auch nur geändert werden, wenn für eine solche Änderung ein entsprechender consensus besteht. Wie für eine Änderung des Art. 79 Abs. 3 GG insoweit keine Zweidrittelmehrheit der Mitglieder des Bundestages nach Art. 79 Abs. 2 GG ausreicht, so nach kirchlichem Verfassungsrecht auch nicht die Zustimmung einer qualifizierten Mehrheit der Synode[16].

Zur Abrundung dieses Vergleichs sei abschließend noch darauf hingewiesen, dass für die nach dem zweiten Weltkrieg in vielen Verfassungen der evangelischen Landeskirchen getroffene Regelung, dass alles kirchliche Recht an Schrift und Bekenntnis gebunden ist, ähnliche Motive leitend waren wie für die Entscheidung des Parlamentarischen Rats, eine Vorschrift wie den Art. 79 Abs. 3 GG in das Grundgesetz aufzunehmen. Denn wie Art. 79 Abs. 3 GG primär als Ant-

14 So *Christoph Link*, Die Einsegnung gleichgeschlechtlicher Lebenspartnerschaften als Problem des evangelischen Kirchenrechts, ZevKR 58 (2013), S. 1 (7).

15 Siehe dazu besonders *Dietrich Pirson*, Universalität und Partikularität (Anm. 13), S. 131ff., 247ff.; s. daneben auch *ders.*, Gesammelte Beiträge zum Kirchenrecht und Staatskirchenrecht, 1. Halbband (2008), S. 88 (Hervorhebungen A.J.): »Das Bekenntnis ist nicht Programm, auch kein Wertekatalog, wie er heute teilweise im Grundrechtsteil der staatlichen Verfassung gesehen wird. Es ist vielmehr eine *identitätsstiftende Festlegung.*«

16 Dazu genauer *Link* (Anm. 14), S. 8ff.

wort auf das Fehlen einer entsprechenden Bestimmung in der Weimarer Reichsverfassung (mit allen daraus resultierenden problematischen Folgen[17]) zu verstehen ist, so »aktualisiert sich«, wie richtig gesagt worden ist, in der erwähnten »Schrankenziehung« für das kirchliche Recht »ein seit dem Kirchenkampf im sog. ›Dritten Reich‹ geschärftes Bewusstsein für die Bekenntnisbindung allen kirchlichen Handelns«[18].

Man tut also gut daran, im Blick auf die Erfahrungen mit der Weimarer Reichsverfassung wie auch auf die analogen Erfahrungen mit der (weitgehend) fehlenden kirchenverfassungsrechtlichen Verankerung der Bekenntnisbindung allen kirchlichen Rechts vor 1945 für die Interpretation des Art. 79 Abs. 3 GG sich die Erkenntnis zu eigen zu machen, dass »wenn eine Verfassung bewusst bestimmte ... Möglichkeiten der vorangehenden Verfassung negiert, ... darin eine Entscheidung« liegt, »zu deren Verständnis die Kenntnis des Negierten gehört«[19].

2. Das analoge Spannungsverhältnis in der Bindung des evangelischen Kirchenverfassungsrechts an die normative Tradition des Bekenntnisses und seine durch den »magnus consensus« geprägte Geschichtlichkeit

Die noch wichtigere Bedeutung des evangelischen Kirchenverfassungsrechts aber liegt für unsere Fragestellung in ihrem klärenden Beitrag zur unter I.2. angesprochenen Frage, wie sich die besondere Geschichtlichkeit des Art. 79 Abs. 3 GG mit der von ihm inhaltlich bestimmten Identität der Verfassung vereinbaren lässt:

Für die kirchliche wie weltliche Rechtsordnung gilt ja der Satz, dass das Recht

17 Das war ja der Grund, der besonders *Carl Schmitt* dazu veranlasste, trotz des Fehlens einer dem Artikel 79 Abs. 3 GG entsprechenden Regelung in der Weimarer Reichsverfassung entgegen der wohl damals h.L. aus allgemeinen verfassungstheoretischen Überlegungen dennoch Grenzen für den verfassungsändernden Gesetzgeber zu entwickeln, s. ders., Verfassungslehre (1928), S. 24ff., 103ff. und: Verfassungsrechtliche Aufsätze aus den Jahren 1924–1954. Materialien zu einer Verfassungslehre (1958), S. 301ff., bes. S. 311f., 345ff. Als neuere (kritische) Stellungnahme zu dieser Ansicht Schmitts sei nur verwiesen auf: *Volker Neumann*, Carl Schmitt als Jurist (2014), S. 110ff.

18 So *Christoph Link* (Anm. 14), S. 6; genauer dazu *ders.*, Kirchliche Rechtsgeschichte. Kirche, Staat und Recht in der europäischen Geschichte von den Anfängen bis ins 21. Jahrhundert (3. Aufl. 2017), S. 235ff., 239. Zu betonen ist allerdings, dass bereits seit 1919 mit der durch die Weimarer Reichsverfassung vollzogenen Trennung von Staat und Kirchen eine (Rück-)besinnung auf eine entsprechende Bekenntnisbindung in der kirchlichen Rechtspraxis wie in der Kirchenrechtslehre (partiell) einherging.

19 So richtig *Schmitt*, Verfassungsrechtliche Aufsätze (Anm. 17), S. 28.

eine »Folge der *Geschichtlichkeit* des menschlichen Daseins« ist und nur »mit dem Hinweis auf diesen Tatbestand … sein Sinn verstehbar« wird[20]. Natürlich trifft diese Feststellung ebenfalls auf die das »menschliche Dasein« (mit-)bestimmende Geschichtlichkeit der Kirche und des Staates zu. Für beide Formen menschlicher Gemeinschaft gilt dann auch, dass ihre Geschichte wie jede Geschichte Wandlungen wie auch Traditionsbildung impliziert.

Wichtig für unseren Zusammenhang ist nun, dass das »dynamische Element« im Kirchenrecht »in besonderer Weise ausgebildet ist«[21]; seine Geschichtlichkeit daneben aber durch das Bekenntnis als »eine normgebende Tradition« geprägt wird[22]. Den Ausgleich zwischen diesen beiden Komponenten der Geschichtlichkeit der Kirche und ihres Rechts hat man nun in dem Verständnis der »Kirchengeschichte als Geschichte der Auslegung der Heiligen Schrift« gefunden[23]. Diese Lösung erlaubt die Annahme, dass die immer wieder (neu) zu aktualisierende Bindung des Bekenntnisses an die Schrift dessen Geschichtlichkeit ausmacht.

Der weiterführende Gedanke dieser Überlegungen zur Geschichtlichkeit des Bekenntnisses für die Deutung des Verhältnisses, das zwischen dem Schutz der Verfassungsidentität durch Art. 79 Abs. 3 GG und seiner Geschichtlichkeit als Verfassungsnorm besteht, lässt sich damit m. E. wie folgt formulieren: Art. 79 Abs. 3 GG begründet als Garant der Menschenwürde eine »normgebende« (nur durch den Volkswillen abänderbare) Tradition. Die inhaltliche Substanz dieser Tradition – ihre Verbindlichkeit – hängt von der positiven Antwort auf die dabei immer neu zu stellende Frage ab, ob sie zur Achtung und zum Schutz der Menschenwürde beiträgt. Oder anders gesagt: Das verfassungstheoretisch begründete, dem Art. 79 Abs. 3 GG immanente Spannungsverhältnis zwischen Identität und Wandel löst sich dahin auf, dass seine »normgebende Tradition« in dieser ständigen Frage, also in einem *Auslegungsgeschehen* begründet liegt.

Insoweit handelt es sich – das sei abschließend zu diesen Überlegungen ausdrücklich bemerkt – ganz offensichtlich um eine *ontologische* Einsicht, die unabhängig von ihren theologischen Wurzeln für das säkulare Rechtsdenken große Bedeutung besitzt. Diese Folgerung ist aber letztlich nur deshalb berechtigt, weil »ein Denken das das Sein selbst als geschichtlich zu erfahren

---

20 So *Pirson*, Universalität und Partikularität (Anm. 13), S. 23 (Hervorhebung A.J.).

21 So *Pirson*, Universalität und Partikularität (Anm. 13), S. 26.

22 So *Gerhard Ebeling*, Die Geschichtlichkeit der Kirche und ihrer Verkündigung als theologisches Problem (1954), S. 89. Allgemein zum Kirchenrecht als Folge der so verstandenen Geschichtlichkeit der Kirche: *Janssen*, Die Kunst des Unterscheidens (Anm. 2), S. 183ff.

23 So der Titel der im Jahr 1946 gehaltenen Habilitationsvorlesung von *Gerhard Ebeling*, abgedruckt in: ders., Wort Gottes und Tradition. Studien zu einer Hermeneutik der Konfessionen (2. Aufl. 1966), S. 9ff.; dazu genauer *Janssen*, Die Kunst des Unterscheidens (Anm. 2), S. 113ff. und: *Albrecht Beutel*, Gerhard Ebeling. Eine Biographie (2012), S. 112ff.

beansprucht«, nicht »vom *Ursprung* der Geschichtserfahrung im Jüdisch-Christlichen schweigen kann«[24]. Wenn nun nach unseren Ausführungen das kirchliche wie das weltliche Recht nur als eine »Folge der Geschichtlichkeit des menschlichen Daseins« richtig verstanden wird; und wenn weiter, wie ebenfalls schon bemerkt, das »dynamische Element« im (evangelischen) Kirchenrecht besonders ausgeprägt ist, dann liefert dieser (oft übersehene) wesentliche Grund für das geschichtliche Denken überhaupt die entscheidende Rechtfertigung für den hier unternommenen Versuch, die exemplarische Bedeutung des evangelischen Kirchenverfassungsrechts für unsere Auslegung des Art. 79 Abs. 3 GG fruchtbar zu machen.

3. Ergebnis

Beiden Rechtsordnungen, der kirchlichen wie der weltlichen, liegt ein einheitlicher Rechtsbegriff zugrunde; sie sind lediglich einem unterschiedlichen Telos verpflichtet. Das macht es möglich, die in den meisten Verfassungen der evangelischen Landeskirchen ausgesprochene Bindung allen kirchlichen Rechts an Schrift *und* Bekenntnis in ihrem rechtstheoretischen Gehalt mit der durch Art. 79 Abs. 3 GG begründeten Verpflichtung des weltlichen Rechts, die Grundsätze der Art. 1 *und* 20 GG zu beachten, zu vergleichen und damit die hier angestellten Überlegungen zum Rechtscharakter dieser Verpflichtung zu vertiefen.

Diese Möglichkeit ist zunächst deshalb gegeben, weil ähnlich wie im durch Art. 79 Abs. 3 GG gestifteten Zusammenhang zwischen Art. 1 und 20 GG dem Bekenntnis nur unter dem Vorbehalt seiner »Schriftgemäßheit« Verbindlichkeit zukommt. Und ähnlich wie der Staat aufgrund des Art. 79 Abs. 3 GG als Garant der Menschenwürde zu verstehen ist, besteht die wesentliche Rechtswirkung der in den evangelischen Kirchenverfassungen ausgesprochenen Bindung an Schrift und Bekenntnis darin, dass die Kirche damit als eine Rechtsgemeinschaft die Verantwortung für den Verkündigungsauftrag übernimmt. Besonders auffallend sind schließlich die Parallelen in der Legitimation des Art. 79 Abs. 3 GG und der des Bekenntnisses wie die daraus sich ergebende Möglichkeit einer Änderung ihres jeweiligen Inhalts: Ist es im Falle des Art. 79 Abs. 3 GG die verfassungsgebende Gewalt des Volkes, die seine Legitimation stiftet und seine inhaltliche

24 So *Karlfried Gründer*, Figur und Geschichte. Johann Georg Hamanns »Biblische Betrachtungen« als Ansatz einer Geschichtsphilosophie (1958), S. 190 Anm. 2 (Hervorhebung A.J.). Vertiefend dazu und unter Hinweis auf eine an diese Erkenntnis Hamanns anknüpfende philosophische (und theologische) Tradition: *Janssen*, Die Kunst des Unterscheidens (Anm. 2), S. 275ff., ergänzend S. 295ff. und S. 312f.

Änderung möglich macht, so ist es in beiden genannten Fällen des Bekenntnisses der »magnus consensus fratrum et patrum«.

Der entscheidende Grund für die Notwendigkeit und die Durchschlagskraft dieses Rechtsvergleichs besteht nun aber darin, dass im evangelischen Kirchenverfassungsrecht die Spannung zwischen dem Verständnis des Bekenntnisses als normativer Tradition und seiner »Abhängigkeit« vom magnus consensus dadurch gelöst wird, dass das Bekenntnis nur in der ständigen Überprüfung seiner »Schriftgemäßheit« also in einem *Auslegungsgeschehen* seine legitime normative Tradition ausbilden und entfalten kann. Denn ganz entsprechend lässt sich das Spannungsverhältnis zwischen dem Schutz der Verfassungsidentität durch Art. 79 Abs. 3 GG und seiner Prägung durch die dem (zwangsläufigen) inhaltlichen Wandel unterworfenen verfassungsgebenden Gewalt verstehen.

III. Der demokratische Nationalstaat nach Artikel 79 Abs. 3 GG

Nach dieser verfassungstheoretischen Grundlegung des Art. 79 Abs. 3 GG hat jetzt die Auslegung dieser Vorschrift eine Antwort auf die Frage zu geben, ob und wie der demokratische und soziale Rechts- und Bundesstaat seiner verfassungsrechtlichen Verpflichtung, die Menschenwürde zu achten und zu schützen, gerecht werden kann. Die soeben genannten, durch Art 20 Abs. 1 GG vorgegebenen Inhalte des grundgesetzlichen Gemeinwesens müssen sich also zunächst als konstitutiv für das Verständnis der Menschenwürde erweisen. Und in einem weiteren Schritt ist dann zu klären, welche Anforderungen der Art. 79 Abs. 3 GG an die Realisierung der staatlichen Achtung und seines Schutzes der Menschenwürde in allen genannten Fällen stellt. Das ist nun hier unter III. für den durch Art. 79 Abs. 3 GG geschützten *demokratischen* Staat zu klären:

1. Der Staat als Garant der nationalen politischen Autonomie seiner Bürger

Was nun zunächst den für das Verständnis des Art. 1 Abs. 1 S. 1 GG wesentlichen *Inhalt* der demokratischen Legitimation des Staates i. S. des Art. 20 GG betrifft, so ist für die folgenden Überlegungen der Gedanke entscheidend, dass nach dem Grundgesetz Nationalstaat und politische Autonomie unmittelbar zusammengehören. Denn nur der Nationalstaat vermag »die demokratische Selbstbestimmung des Staatsvolkes« zu begründen; »verdankt« doch die moderne Demokratie ihre »Geburt« (primär) der nationalen Bewegung, »die seit der französischen Revolution Epoche macht«[25]. Der für diesen Zusammenhang

25 So richtig *Josef Isensee*, Nationalstaat und Verfassungsstaat – wechselseitige Bedingtheit, in: Rolf Stober (Hrsg.), Recht und Recht. FS für Geld Roellecke zum 70. Geburtstag (1997), S. 137 (159). Zutreffend dort auch seine ergänzende Bemerkung: »Die prototypischen Verfassungen Amerikas und Frankreichs weisen sich nicht aus als Werk einer abstrakten Weltgesellschaft, sondern als Werk eines bestimmten Volkes und seiner Vertreter.«

zwischen politischer Autonomie und Nationalstaat noch heute sprechende Grund ist »die theoretische Notwendigkeit eines Begriffs der Nation« deshalb, weil sie auf »die Angewiesenheit« der Demokratie »auf einen Rahmen historischer Konkretion« eine Antwort gibt. Schon das völkerrechtlich anerkannte *Selbst*bestimmungsrecht des Volkes muss ja ein »*historisch greifbares* Selbst« angeben, »dessen politischer Gehalt sich nicht entweder in zahllose Einzelsubjekte oder in eine unabsehbare globale Dimension« verlieren darf[26].

Es ist also für das Verständnis des deutschen Nationalstaats nach dem Grundgesetz von einem »*partikularisierten Allgemeinen*« auszugehen, was übrigens auch dadurch zum Ausdruck kommt, dass diesem Staat kraft Art. 1 Abs. 2 GG »die Einpflanzung der universalen Inhalte der Menschenrechte … in die Substanz des Lebens eines historisch gezeichneten Volkes« aufgegeben ist[27]. Entscheidend für unseren Gedankengang ist nun aber, dass der Volkswille i. S. des Art. 20 Abs. 2 S. 1 GG zwar zutreffend mit dem Begriff »partikularisiertes Allgemeines« gekennzeichnet ist; der dargelegte, durch Art. 79 Abs. 3 GG gestiftete Zusammenhang zwischen Art. 1 und Art. 20 GG es aber nicht zulässt, in dem so verstandenen Volkswillen als solchen die inhaltliche Letztbegründung für die demokratische Legitimation des Staates zu sehen[28]. Aus der Relation zwischen Art. 1 Abs. 1 S. 1 GG und Art. 20 Abs. 2 S. 1 GG folgt vielmehr für unsere Fragestellung, dass der *einzelne Bürger als Angehöriger des deutschen Volkes* letztlich die Legitimation für das demokratische staatliche Handeln begründet[29]. Denn wie es in der Verfassungswirklichkeit keinen Staat als solchen gibt, so gibt es auch keinen »Patriotismus der Gattung Mensch«[30]. Gefordert ist darum nach dem Grundgesetz eine Legitimation des staatlichen Handelns, die

26 So *Rüdiger Bubner*, Brauchen wir einen Begriff der Nation?, in: Petra Braitling/Walter Reese-Schäfer (Hrsg.), Universalismus, Nationalismus und die neue Einheit der Deutschen. Philosophen und die Politik (1991), S. 10 (15, 16). *Isensee* (a. a. O., S. 148) spricht auch richtig davon, dass »die Nation … sich als intermediäre Größe zwischen den einzelnen Menschen und die Menschheit im Ganzen« schiebt, und zwar, wie man mit *Bubner* (a. a. O., S. 17) ergänzen kann: als »ein praktisch fassbarer Rahmen kollektiver Identität«.

27 *Bubner*, a. a. O., S. 18; auf S. 19 spricht er von den (europäischen) Staaten als »einer Pluralität von partikularisierten Allgemeinheiten«.

28 Diese Ansicht konnte aber *Hans Liermann* (Das deutsche Volk als Rechtsbegriff im Reichs-Staatsrecht der Gegenwart, 1927) für die Weimarer Reichsverfassung m. E. deshalb zu Recht vertreten, weil in der genannten Verfassung ja eine dem Art. 1 GG entsprechende Vorschrift fehlte und im Übrigen keine so strikte Bindung der Staatsgewalt an die Grundrechte wie heute bestand. Ausführliche Würdigung dieses Standpunktes bei *Janssen*, Gefährdete Staatlichkeit (Anm. 7), S. 535ff. Siehe ergänzend nun auch BVerfGE 142, 123 (189), wo es vom »menschenrechtlichen Kern des Demokratieprinzips« spricht, der »in der Würde des Menschen verankert« sei; entsprechend auch BVerfGE 123, 267 (341) und BVerfGE 129, 124 (169) u. a.

29 So schon das Ergebnis bei *Janssen*, Gefährdete Staatlichkeit (Anm. 7), S. 554ff.

30 So *Carl Schmitt*, Die legale Weltrevolution – politischer Mehrwert als Prämie auf die juristische Legalität und Superlegalität, Der Staat 17 (1978), S. 321 (336).

vom einzelnen Bürger *und* seiner nationalen Lebenswelt ihren Ausgang nimmt[31]. Nur der auf dieser Grundlage gebildete Volkswille entspricht den inhaltlichen verfassungsrechtlichen Vorgaben, die sich aus dem Zusammenhang zwischen Art. 1 Abs. 1 S. 1 GG und Art. 20 Abs. 2 S. 1 GG ergeben.

2. Der Staat als Garant ihrer Realisierung durch republikanische Amtsherrschaft und Gewaltenteilung

Es bleibt nun nach dieser inhaltlichen verfassungsrechtlichen Zielvorgabe für die demokratische Legitimation des Staates zu prüfen, wie er ihrer Achtung und ihrem Schutz durch seine ihm durch Art. 79 Abs. 3 GG aufgegebene republikanische Amtsherrschaft und der damit verbundenen Forderung nach Teilung seiner Gewalten gerecht werden kann:

a) Was nun zunächst die *republikanische Amtsherrschaft* betrifft, so steht ihrer verfassungsrechtlichen Relevanz ganz offensichtlich schon die in einer einschlägigen Untersuchung zu Art. 79 Abs. 3 GG begründete These entgegen, dass die dem Begriff »Republik«, durchweg »zugeschriebenen Gehalte ... allesamt bereits in den verfassungsgesetzgeberischen Grundentscheidungen für Menschenwürde, Sozialstaat, Demokratie und formal-rechtstaatliche Elemente enthalten« sind[32]. Dieser für unsere weiteren Überlegungen zentrale Begriff besitzt danach also keinen eigenständigen verfassungsrechtlichen Inhalt.

Dieser These widerspricht nun aber m. E., dass nach dem Grundgesetz alle demokratisch legitimierte Staatsgewalt Amtsherrschaft sein muss und es gerade den selbstständigen Sinn des Republikbegriffs ausmacht, dass er diese Eigenschaft staatlicher Herrschaft verfassungsrechtlich garantiert[33]. Dafür lassen sich

31 Von einer »*nationalen* Lebenswelt« des deutschen Bürgers kann man m. E. einmal deshalb sprechen, weil die Nation historisch gesehen an gemeinsamer Sprache, Geschichte und Kultur festzumachen ist (s. dazu nur unter ausdrücklichen Hinweis auf die spezifische inhaltliche Prägung dieses Begriffs in Deutschland: *Ernst-Wolfgang Böckenförde*, Staat, Nation, Europa. Studien zur Staatslehre, Verfassungstheorie und Rechtsphilosophie, 1999, S. 47 ff.). Hinzukommt als berechtigter philosophischer Grund, dass es eine (auch rechtlich zu beachtende) im Begriff der Nation aufgehobene (und nicht weg zu diskutierende) »politische und kulturelle *Empfindungssubjektivität*« gibt (Ausdruck von *Wolfgang Kersting*, Macht und Moral. Studien zur praktischen Philosophie der Neuzeit, 2010, S. 275 – Hervorhebung A.J.).

32 So *Karl-E. Hain*, Die Grundsätze des Grundgesetzes. Eine Untersuchung zu Art. 79 Abs. 3 GG (1999), S. 467, genauer dazu S. 435 ff.

33 Zutreffend insoweit *Rolf Gröschner*, § 23 Die Republik, in: Isensee/Kirchhof (Hrsg.), Handbuch des Staatsrechts, Bd. II, (3. Aufl. 2004) Rn. 63: Das Amt ist »condicio sine qua non der Republik, weil es diejenige Institution bereitstellt, in der die gemeinwohlkonkretisierende Gestaltungsaufgabe der Republik und das diesbezügliche Verfassungsgebot der Austarierung von Freiheit und Ordnung bestmöglich erfüllt werden können. Das Amt gehört

nicht nur historische (begriffsgeschichtliche) Gründe anführen, sondern auch aus dem Grundgesetz ableitbare verfassungssystematische. Denn das Grundgesetz konstituiert nicht abstrakte demokratische Herrschaft als solche, sondern knüpft die Ausübung demokratischer Herrschaft in allen drei Staatsgewalten an die Innehabung eines Amtes an. Das zeigt etwa Art. 48 Abs. 2 und Abs. 3 GG für die Abgeordneten. Auch der Bundespräsident, der Bundeskanzler und die Bundesminister üben nach der Terminologie des Grundgesetzes öffentliche Ämter aus[34]. Daneben haben ebenfalls die Richter von Verfassung wegen öffentliche Ämter inne[35], und schließlich findet »die Kategorie des Amtes … ihre prototypische und verfassungsrechtlich durch Artikel 33 Abs. 4 GG auch als Regelstatus aufgerichtete Ausformung in der Stellung des Beamten«[36].

Natürlich wird durch Art. 79 Abs. 3 GG nicht die konkrete Ausgestaltung des jeweiligen Amtes geschützt, sondern allein »die prinzipielle Preisgabe … des republikanischen Grundgedankens der Gemeinwohlorientierung durch eine öffentliche Ämterordnung« ausgeschlossen[37]. Damit ist allerdings für die Achtung und den Schutz der Menschenwürde i.S. des Art. 1 Abs. 1 S. 2 GG viel gewonnen. Denn es folgt dann ja aus der Rechtsnatur des Amtes, wie sie für alle drei Staatsgewalten kennzeichnend ist, dass der Amtsinhaber einen bestimmten Status innehat, der es ihm ermöglicht und ihn dazu verpflichtet, sein Handeln nicht durch partikulare Interessen bestimmen zu lassen, sondern sich eben am (durch die politische Autonomie der Bürger maßgeblich geprägten) Gemeinwohl zu orientieren[38]. Folgerichtig ist es deshalb auch, dass das Grundgesetz den

daher zum änderungsfesten Bestand des Republikprinzips im Sinne des Art. 79 Abs. 3 GG. Das gilt unabhängig davon, ob es sich um ein – zusätzlich – nach demokratischen Grundsätzen zu besetzendes Wahlamt handelt oder nicht.«

34 Vgl. für den Bundespräsidenten Art. 54 Abs. 2 S. 1; 55 Abs. 2; 56 S. 1; 57; 61 Abs. 2 GG. Für die Mitglieder der Bundesregierung Art. 64 Abs. 2; 66; 69 Abs. 2 GG.

35 Siehe nur Art. 97 Abs. 2 und 98 Abs. 2 GG.

36 So zutreffend *Matthias Jestaedt*, Demokratieprinzip und Kondominalverwaltung. Entscheidungsteilhabe Privater an der öffentlichen Verwaltung auf dem Prüfstand des Verfassungsprinzips Demokratie (1993), S. 332.

37 So *Gröschner*, Republik (Anm. 33), S. 420 Anm. 298.

38 Zur historischen Entwicklung und heutigen (auch verfassungsrechtlichen) Bedeutung des Amtes als Kennzeichen staatlicher Herrschaft grundlegend: *Wolfgang Loschelder*, Vom besonderen Gewaltverhältnis zur öffentlich-rechtlichen Sonderbindung. Zur Institutionalisierung der engeren Staat/Bürger-Beziehungen (1982), S. 227ff. und speziell zum Abgeordnetenstatus als Amtsstatus: *Wilhelm Henke*, Kommentierung des Art. 21 GG, in: Dolzer/Vogel (Hrsg.), Bonner Kommentar zum Grundgesetz (1991), Rn. 73ff., bes. 78ff. Es spricht m.E. demnach auch alles dafür, das demokratische Amt des Abgeordneten zum Ausgangspunkt für die Auslegung des Art. 20 Abs. 2 S. 2 GG (und 38 Abs. 1 S. 2 GG) zu wählen. Denn »das Amtsprinzip kommt ohne das Konstrukt des hypothetischen Volkswillens aus. Die Pflicht dessen, der für alle entscheidet, die Belange aller zu bedenken, braucht nicht auf einen hypothetischen Volkswillen begründet zu werden. Man wird also wohl sagen dürfen, dass, wer nicht von plebiszitärer und repräsentativer Komponente spricht, sondern von Amtsprinzip und Demokratieprinzip, die sich im demokratischen Staat verbinde, mit grö-

Einfluss der politischen Parteien, die ja im Gegensatz zum Amtsstatus (lediglich) ein privatrechtliches Fundament besitzen[39], auf die *Mit*wirkung bei der politischen Willensbildung des Volkes beschränkt. Denn demokratische Legitimation bedeutet nun einmal »Regierung durch das Volk« *und* (kraft der republikanischen Amtsherrschaft) »Regierung für das Volk«[40].

b) Der nach dem Grundgesetz bestehende Zusammenhang zwischen Demokratie und Amtsherrschaft ist es auch, der für das Verständnis des *Gewaltenteilungsprinzips* als Beitrag zur Sicherstellung der nationalen politischen Autonomie der Bürger Bedeutung besitzt. Denn es lässt sich als verfassungsrechtliche Ausformung der republikanischen Amtsherrschaft in dem Sinne verstehen, dass es diese Amtsherrschaft aufgrund ihrer jeweiligen Funktion, Kompetenz und Legitimation gliedert. Grundlage einer solchen Sichtweise ist das Verständnis des Gewaltenteilungsprinzips als Ausfluss aus dem Demokratieprinzip. Dafür spricht m. E. nach wie vor trotz manch anderer Interpretationsversuche der Wortlaut des Art. 20 Abs. 2 GG, in dem es nun einmal heißt, dass alle Staatsgewalt »*vom Volke … durch besondere Organe* der Gesetzgebung, der vollziehenden Gewalt und der Rechtsprechung *ausgeübt*« wird[41]. Das Gewaltenteilungsprinzip des Grundgesetzes »entfaltet« also, so ist richtig daraus gefolgert worden, »seine Wirkung erst *innerhalb* des demokratischen Prinzips als gliederndes Organisationsprinzip für die nähere Ausgestaltung der Ausübung der jeweils demokratisch legitimierten Staatsgewalt«[42]. Im Ergebnis ist es also dieser verfassungsrechtlich gewollte *Zusammenhang* zwischen demokra-

---

ßerer Präzision und Klarheit formuliert«, so richtig *Peter Graf Kielmannegg* »Die Quadratur des Zirkels« – Überlegungen zum Charakter der repräsentativen Demokratie, in Ulrich Matz (Hrsg.), Aktuelle Herausforderungen der repräsentativen Demokratie (1985), S. 9 (35). Gerade dieses Verständnis der repräsentativen Demokratie macht deutlich, dass allein das republikanische Amtsprinzip (und – wie gleich unter b) zu zeigen ist –: das Gewaltenteilungsprinzip) den Staat in der politischen Wirklichkeit zum Garanten der nationalen politischen Autonomie im dargelegten Sinne (s. 1.) macht.

39 Dazu nach wie vor in erfreulicher Weise klarstellend: *Wolfgang Martens*, Öffentlich als Rechtsbegriff (1969), S. 152ff.; daneben *Janssen*, Gefährdete Staatlichkeit (Anm. 7), S. 542f. mit weiteren Nachweisen.

40 So *Josef Isensee*, Grundrechte und Demokratie. Die polare Legitimation im grundgesetzlichen Gemeinwesen (Bonner Akademische Reden 53/1981), S. 26 (Hervorhebungen A.J.). Das vollständige Zitat lautet: »Demokratische Legitimation bezeichnet also nicht nur den Ursprung, sondern auch das Ziel der Staatsgewalt: Regierung durch das Volk und Regierung für das Volk. Res publica res populi«.

41 Genauer dazu *Albert Janssen*, Über die Grenzen des legislativen Zugriffsrechts. Untersuchungen zu den demokratischen und grundrechtlichen Schranken der gesetzgeberischen Befugnisse (1990), S. 172ff. und *ders.*, Gefährdete Staatlichkeit (Anm. 7), S. 221ff., auch S. 138ff.

42 So *Ernst-Wolfgang Böckenförde*, Verfassungsfragen der Richterwahl. Dargestellt anhand der Gesetzentwürfe zur Einführung der Richterwahl in Nordrhein-Westfalen (1974), S. 66, genauere Begründung dieser Ansicht auf S. 66ff.

tischem Staat, republikanischer Amtsherrschaft und Gewaltenteilung, der die nationale politische Autonomie für die Bürger der Bundesrepublik Deutschland nach Art. 79 Abs. 3 GG sicherstellt[43].

3. Ergebnis

Für das richtige Verständnis der durch Art 79 Abs. 3 GG (auch) garantierten politischen Autonomie des Bürgers ist entscheidend, dass ein historisch und systematisch begründbarer Zusammenhang zwischen politischer Autonomie und Nationalstaat besteht. Denn jede Demokratie ist angewiesen »auf einen Rahmen historischer Konkretion«, wie die verfassungsrechtliche Entwicklung seit der französischen Revolution u.a. gezeigt hat. Auch das Selbstbestimmungsrecht des Volkes setzt ja schon eine (historisch geprägte) Vorstellung von einem »Selbst« voraus. Gegen den sich deshalb nahelegenden Schluss, dass der so bestimmte Wille des deutschen Volkes die Legitimation für das staatliche Handeln im Sinne eines primum pincpium stiftet, spricht aber der durch Art. 79 Abs. 3 hergestellte Zusammenhang zwischen Art. 1 und 20 GG. Er gebietet, für die verfassungsrechtliche Legitimation der Staatstätigkeit vom *einzelnen Bürger des deutschen Staates* und seiner (nationalen) Lebenswelt auszugehen. Darin ist folglich eine Konkretisierung seiner ihm durch Art. 1 Abs. 1 S. 1 GG garantierten Stellung als Rechtssubjekt zu sehen.

Geachtet und geschützt im Sinne des Art. 1 Abs. 1 S. 2 GG wird dieser Inhalt der Menschenwürde primär durch das von Art. 79 Abs. 3 GG ebenfalls geforderte Verständnis des deutschen Staates als Republik. Denn diese verfassungsrechtliche Zuschreibung impliziert und erklärt, dass nach dem Grundgesetz die von allen drei »Staatsgewalten« ausgeübte Herrschaft (republikanische) Amtsherrschaft sein muss. Der dadurch begründete Status jedes Amtsinhabers und seine damit verbundene Gemeinwohlbindung können darum als wesentliche Garantien für die Realisierung der politischen Autonomie der deutschen Staatsbürger angesehen werden. Da im richtig verstandenen, ebenfalls durch

43 Diese Sichtweise unterstützt m.E. auch die verfassungsrechtlich gut begründbare These eines für alle drei Staatsgewalten geltenden Gebots der Verfassungsorgantreue als sog. »mitgesetztes Recht«. Denn es macht (wie im Ansatz schon die durchgängige republikanische Amtsherrschaft) besonders deutlich, dass zwar das Gewaltenteilungsprinzip (auch das vertikale, wie unter IV. zu zeigen ist!) Unterscheidungen des demokratisch legitimierten Staatshandelns gebietet; diese aber eben ein in die rechte Beziehung setzendes Unterscheiden sein müssen (s. zu dieser Denkform hier die Nachweise in Anm. 2). Grundsätzlich zur Begründung einer verfassungsrechtlich gebotenen Verfassungsorgantreue: *Wolf-Rüdiger Schenke*, Die Verfassungsorgantreue (1977); daneben BVerfGE 90, 286 (337f.) und zur Kategorie des »mitgesetzten« Verfassungsrechts: *Heinrich Amadeus Wolff*, Ungeschriebenes Verfassungsrecht unter dem Grundgesetz (2000), S. 404ff., 463f.

Art. 79 Abs. 3 GG unter besonderen Schutz gestellten Gewaltenteilungsprinzip eine verfassungsrechtliche Ausformung des republikanischen Amtsprinzips gesehen werden muss, ist es als weitere inhaltliche Konkretisierung dieser Garantenstellung des demokratischen Staates zu beurteilen.

IV. Der demokratische Bundesstaat nach Artikel 79 Abs. 3 GG

Mit besonderem Nachdruck hat der Art. 79 Abs. 3 GG den Bundesstaat unter seinen Schutz gestellt. Die »Grundsätze« des Bundesstaates werden danach nicht nur durch den Hinweis der genannten Vorschrift auf Art. 20 GG geschützt, sondern daneben in Art. 79 Abs. 3 GG gesagt, dass »eine Änderung dieses Grundgesetzes … unzulässig« ist, »durch welche die Gliederung des Bundes in Länder« und »die grundlegende Mitwirkung der Länder bei der Gesetzgebung … berührt werden«. Aus der Sicht des Bürgers, die hier ja wegen des durch Art. 79 Abs. 3 GG gestifteten Zusammenhangs zwischen Art. 1 und 20 GG vor allem interessiert, ist im so besonders geschützten Bundesstaat eine *Erweiterung* seiner politischen Autonomie zu sehen. Das ist zunächst genauer zu schildern, um danach wiederum zu fragen, welchen besonderen verfassungsrechtlichen Schutz sie nach Art. 79 Abs. 3 GG genießt.

1. Der Staat als Garant der regionalen politischen Autonomie seiner Bürger

Die allgemeine verfassungsrechtliche Rechtfertigung für den Bundesstaat des Grundgesetzes muss m.E. in der im Begriff der Autonomie eingegangenen *Verbindung* von Demokratie und Freiheit gesehen werden. Freiheit ist insoweit zu verstehen als »Freiheit von Fremdbestimmung im Denken und Handeln«, und für eben diesen Freiheitsbegriff »erscheint die Demokratie als die freiheitsgemäße Form politischer Herrschaft«[44]. Es geht dem Bundesstaat des Grundgesetzes danach also um möglichst weitgehende demokratische Teilhabe seiner Bürger, und in diesem Sinne ist er freiheitlicher Bundesstaat. Konsequent ist es deshalb auch, im Subsidiaritätsprinzip den entscheidenden Maßstab für

44 So *Ernst-Wolfgang Böckenförde*, § 24 Demokratie als Verfassungsprinzip, in: Isensee/Kirchhof (Hrsg.), Handbuch des Staatsrechts der Bundesrepublik Deutschland, Bd. II (3. Aufl. 2004), Rn. 35f.

die Abgrenzung der Kompetenzen zwischen Bund und Ländern zu sehen. Mit ihm ist ja der Gedanke des Stufenaufbaus von unten nach oben verbunden, wie er besonders in der allgemeinen Kompetenzregel des Art. 30 GG (neben Art. 28 Abs. 2 GG) zum Ausdruck kommt[45]. Gerade weil »das Materiale am Rechtsbegriff der Demokratie ... die Personalität« ist[46], lässt sich eben der so verstandene Bundesstaat als *Erweiterung* der politischen Autonomie seiner Bürger verstehen.

Die Bundesländer bieten allerdings nach dem Grundgesetz keinen »Rahmen historischer Konkretion« für diese Argumentation in dem Sinne, wie ihn die Nation für den demokratischen Staat als solchen nach Art. 79 Abs. 3 GG darstellt. Denn »durch den demokratischen Begriff der verfassungsgebenden Gewalt des *ganzen* Volkes« wird die »bundesstaatliche Organisation« (und damit eben auch der Status der Bundesländer) »ein Teil der Verfassungsorganisation des *gesamten* Staates«, den man dann auch zutreffend als »Bundesstaat ohne bündische Grundlage« gekennzeichnet hat[47]. Das Recht der Länder zur Verfassungsgebung (und – auch – zur Gesetzgebung) wird folglich, wie ansatzweise ja Art. 28 Abs. 1 GG zeigt, (erst) durch das Grundgesetz begründet und begrenzt[48]. Das Grundgesetz *und* die (seine Vorgaben beachtenden) Landesverfassungen machen demnach erst *gemeinsam* das Verfassungsrecht des deutschen Bundesstaates aus, – es ist insoweit also zwar von zwei autonomen Verfassungsräumen auszugehen, die aber erst zusammen ein durch die *eine* verfassungsgebende Gewalt des deutschen Volkes legitimiertes Sinnganzes ergeben[49].

Das Gesagte schließt nun aber nicht aus, dass es aus verfassungsrechtlicher Sicht dennoch einen substanziellen Grund für die Erweiterung der politischen Autonomie der Bürger durch den deutschen Bundesstaat gibt. Das zeigt mit besonderer Deutlichkeit Art. 29 Abs. 1 S. 2 GG. Denn wenn nach dieser Bestimmung bei einer Bundesstaatsreform für den Zuschnitt der Länder u. a. »die landsmannschaftliche Verbundenheit« sowie die »geschichtlichen und kulturellen Zusammenhänge« zu »berücksichtigen« sind, dann bringt das Grundgesetz so (indirekt) auch ein bestimmtes Föderalismusverständnis zum Ausdruck[50]. Auf eine Kurzformel gebracht wird nämlich damit »Integration als

45 Dazu genauer mit Nachweisen *Janssen*, Gefährdete Staatlichkeit (Anm. 7), S. 287ff., 330f.

46 So *Wilhelm Henke*, Ausgewählte Aufsätze (Anm. 10), S. 124. Henke kommt zu dieser Feststellung allerdings aus allgemeinen rechts- und staatstheoretischen Erwägungen (a.a.O., S. 124ff.), während sie sich m.E. zwingend aus dem durch Art. 79 Abs. 3 GG gestifteten Zusammenhang zwischen Art. 1 und Art. 20 GG ergibt.

47 So *Carl Schmitt*, Verfassungslehre (1928), S. 389 (letzte Hervorhebung A.J.), siehe auch S. 65.

48 Genauer dazu *Janssen*, Gefährdete Staatlichkeit (Anm. 7), S. 219f., 248f., 338.

49 Siehe dazu wiederum *Janssen*, a.a.O., S. 247.

50 Dass in diesem Kontext auch die in Art. 29 As. 1 S. 2 GG ebenfalls genannten »Erfordernissen der Raumordnung und Landesplanung« interpretiert werden können und müssen, zeigt schon die Überlegung, dass die Maßstäbe der »landsmannschaftlichen Verbundenheit«

Rechtswert auf Landesebene« anerkannt[51]. Die verfassungsrechtliche Rechtfertigung des deutschen Bundesstaates besteht folglich aus der Sicht des Bürgers nicht nur in der Gewährleistung seiner autonomen demokratischen Freiheit als solcher, sondern in der Gewährleistung dieser seiner Freiheit »in kontingenter geschichtlicher Identität«[52]. Denn es gehört nun einmal zum »Recht des Menschen, in einer sozialen und politischen Gemeinschaft zu leben, die ihn in seiner Prägung und Eigenart auffängt und trägt, ihm *Heimat* geben kann«[53]. Konsequent ist es so gesehen m. E. übrigens auch, dass gleichfalls für die kommunale Gebietsgestaltung und als Maßstab für eine entsprechende Kreisreform dieser durch Art. 29 Abs. 1 S. 2 GG betonte regionale Aspekt als verfassungsrechtlich entscheidend hervorgehoben worden ist[54]; – sind doch die kommunalen Selbstverwaltungskörperschaften Teile der Bundesländer und fallen insoweit bei Wahrung der durch Art. 28 Abs. 2 GG gesetzten Grenzen in deren Organisationsbereich. In der regionalen Verwurzelung der politischen Autonomie seiner

sowie der »geschichtlichen und kulturellen Zusammenhänge« im wesentlichen auf »raumabhängige Kriterien« abstellen, die es darum auch nahelegen, »bodenständige Staatsaufgaben« wie »Landschaftspflege, Naturschutz, Denkmalschutz, Bewahren städtischer Ensembles, Musealisierung wie Entwicklung der Kultur vor Ort« als genuine Landesaufgaben, die auch besondere Kompetenzen des Landesgesetzgebers begründen, anzuerkennen, so die Sichtweise von *Josef Isensee*, § 98 Idee und Gestalt des Föderalismus im Grundgesetz, in: Handbuch des Staatsrechts (Anm. 44), Bd. IV (1. (!) Aufl. 1990), S. 687. Zu den für den Begriff der Region konstitutiven räumlichen (landschaftlichen) und historischen Komponenten: *Janssen*, Gefährdete Staatlichkeit (Anm. 7), S. 154 f. So gesehen besitzt auch der unter den besonderen Schutz der »Traditionsklauseln« der Niedersächsischen Verfassung (dort Art. 72) gestellte Status der historischen Landschaften in diesem Bundesland seinen verfassungsrechtlich guten Sinn darin, dass diese als (besondere) Körperschaften des öffentlichen Rechts zur Pflege und Artikulation der regionalen Interessen berufen sind, dazu *Janssen*, Das rechte Unterscheiden (Anm. 2), S. 343 ff.

51 So *Wolfgang Loschelder*, Kommunale Selbstverwaltungsgarantie und gemeindliche Gebietsgestaltung (1976), S. 83, genauer dazu S. 71 ff., 80 ff.

52 So *Hermann Lübbe*, Philosophie nach der Aufklärung. Von der Notwendigkeit pragmatischer Vernunft (1980), S. 156. Das vollständige Zitat lautet: Die Freiheit des Regionalismus »ist nicht die Freiheit, die uns einander gleich macht, sondern die Freiheit, in der wir von einander kraft Herkunft verschieden sein dürfen. Der Anspruch dieser Freiheit ist legitimiert, weil sie die Freiheit unseres Daseins in kontingenter geschichtlicher Identität meint, die als solche einer Legitimation weder bedürftig noch fähig ist.« Diese Ausführungen ergänzt Lübbe a. a. O. etwas später durch die Feststellung: »Die Erhaltungsansprüche kontingenter Herkunftsidentitäten haben allgemeine Geltung. Der Regionalismus als solcher ist also expansiv, nicht aber die kontingenten, kulturellen und politischen Lebensformen, um deren Erhaltung es jeweils zu tun ist. Das ist es auch, wodurch man, in idealtypischer Verkürzung, den Regionalismus vom Nationalismus *abgrenzen* könnte« (Hervorhebung A.J.).

53 So *Ernst-Wolfgang Böckenförde*, Staat, Nation, Europa (Anm. 31), S. 120 (Hervorhebung A.J.).

54 So *Loschelder*, Kommunale Selbstverwaltungsgarantie (Anm. 51), S. 80 ff. zur kommunalen Gebietsgestaltung und *Janssen*, Gefährdete Staatlichkeit (Anm. 7), S. 143 ff. zum entsprechenden Maßstab für eine Kreisreform.

Bürger muss also die *entscheidende* inhaltliche Rechtfertigung des vom Grundgesetz durch Art. 79 Abs. 3 GG besonders geschützten Bundesstaates gesehen werden und darin dann auch eine weitere inhaltliche Konkretisierung seiner durch Art. 1 Abs. 1 S. 1 GG geschützten Menschenwürde.

2. Der Staat als Garant ihrer Realisierung durch die vertikale Gewaltenteilung zwischen Bund und Ländern

Neben dem Prinzip der Gewaltenteilung nach Art. 20 Abs. 2 und 3 GG als inhaltliche Konkretisierung der für das Staatshandeln konstitutiven republikanischen Amtsherrschaft (dazu bereits III. 2.) beinhaltet auch die vertikale Gewaltenteilung zwischen Bund und Ländern eine solche (weitere) Konkretisierung. Dafür spricht besonders, wie im Folgenden zunächst genauer darzulegen ist, dass die deutschen Bundesländer nach dem Grundgesetz primär als eigenständige Exekutivgewalten verstanden werden müssen und gerade deshalb auch in der Lage sind, besonders wirksam die regionale politische Autonomie ihrer Bürger sicherzustellen. Einzugehen ist in diesem Zusammenhang dann weiter noch auf die weitgehend in Vergessenheit geratene Tatsache, dass sich aus diesem primären Status der Länder als eigenständige Exekutivgewalten auch ihre Mitwirkung an der Bundesgesetzgebung wie der Inhalt der ihnen verbliebenen eigenen Gesetzgebungskompetenzen schlüssig erklären lässt:

a) Was nun zunächst das durch die vertikale Gewaltenteilung begründete primäre *Verständnis der Landesexekutiven als eigenständige Staatsgewalten* betrifft, so ist dieses bekanntlich tief in der deutschen Verfassungsgeschichte verwurzelt. Schon in den Verfassungen des deutschen (Früh-)Konstitualismus lassen sich insoweit entsprechende Ansätze zur (faktischen) Übernahme der Gewaltenteilungslehre *Montesqieus* beobachten, in der ja der Exekutive eine entsprechende Rolle zugesprochen wird[55]. Und der Höhepunkt dieser Entwicklung wird dann m. E. zu Recht in der Reichsverfassung von 1871 gesehen[56]. Durch die demokratisch legitimierte Weimarer Reichsverfassung und schließlich eben auch durch das Grundgesetz ist dann aber, wie gewöhnlich argu-

55 Dazu *Stefan Korioth*, »Monarchisches Prinzip« und Gewaltenteilung – unvereinbar? Zur Wirkungsgeschichte der Gewaltenteilungslehre Montesquieus im deutschen Frühkonstitualismus, Der Staat 37 (1998), S. 27ff.

56 Zum inneren Baugesetz dieser Verfassung, die m. E. entgegen einer vielfach vertretenen Ansicht als Ausprägung eines eigenständigen (deutschen) Verfassungstyps zu verstehen ist, für mich nach wie vor überzeugend: *Ernst Rudolf Huber*, Bewahrung und Wandlung. Studien zur deutschen Staatstheorie und Verfassungsgeschichte (1975), S. 62ff., für unseren Zusammenhang besonders wichtig S. 80ff.

mentiert wird, an die Stelle dieser »Zuordnung und Balancierung politischer Machtgruppen mit unterschiedlichen Legitimationsgrundlagen ... die Unterscheidung und Zuordnung von *Funktionen* auf der Grundlage einer einheitlich legitimierten Staatsgewalt getreten«[57]. Diese Folgerung besagt dann natürlich auch, dass die Gewaltenteilung zwischen Legislative und Exekutive im heutigen deutschen Bundesstaat nur noch aufgrund unterschiedlicher Funktionen der beiden Gewalten gerechtfertigt ist.

Dagegen spricht nun m. E. aber im Blick auf die Bundesländer als einer vom Grundgesetz durch Art. 79 Abs. 3 GG (Bundesstaatsprinzip) besonders geschützten demokratischen Entscheidungsebene, dass trotz des zunehmenden Bundeseinflusses auf die Landesverwaltungen[58] der Schwerpunkt der Exekutivbefugnisse (Vollzugskompetenzen) offensichtlich nach wie vor bei den Ländern liegt[59] und die Landesverwaltungen dafür auch im Vergleich zur bundeseigenen Verwaltung eine besondere (stärkere) demokratische Legitimation besitzen. Diese besondere demokratische Legitimation zeigt sich am deutlichsten bei den kommunalen Selbst*verwaltungs*körperschaften als Teilen der Landesverwaltung mit ihren gewählten Volksvertretungen (und ihren zum Teil direkt gewählten Verwaltungsspitzen)[60]. Sie zeigt sich aber auch in der »Zwischenstellung«, die die Landesparlamente im Vergleich zu den kommunalen Volksvertretungen einerseits und dem Bundestag andererseits einnehmen. Es sind die durchweg konkreteren, häufig regional geprägten Verwaltungsaufgaben der Bundesländer, die dazu führen, dass zum Teil in den Landesverfassungen die Kontrolle der Exekutive als selbstständige Aufgabe *neben* der Gesetzgebung ausdrücklich betont und ein größerer parlamentarischer Einfluss auf die Zusammensetzung der Regierung als im Bund vorgesehen wird[61].

---

57 So *Korioth*, »Monarchisches Prinzip« (Anm. 55), S. 54 (Hervorhebung A.J.).

58 Dazu (und besonders zu den damit in Zusammenhang stehenden und wegen ihrer völlig fehlenden Systematik geradezu erschreckenden Reformen der Finanzverfassung von 2017) überzeugend: *Hans-Günter Henneke*, Aufgaben und Finanzbeziehungen von Bund, Ländern und Kommunen. Zur ausgefallenen Föderalismusreform (2017) und zusammenfassend *ders.*, Zentralisierung per Salamitaktik, Der Landkreis 5/2018, S. 187ff. Zu einer der Verflechtung in der Finanzverfassung entgegenwirkenden Alternative s. nur: Sonderheft 2000 der Zeitschrift für Gesetzgebung mit dem Titel: Stärkung des Föderalismus. Text und Kommentierung des am 23. Mai 2000 von den Präsidenten der deutschen Landesparlamente beschlossenen Diskussionspapiers, S. 21ff. und den Kommentar zu diesem Alternativentwurf von *Albert Janssen*, a. a. O., S. 50ff.

59 Siehe dazu nur die Kommentierung des Artikel 83 GG von *Armin Dittmann*, in Michael Sachs (Hrsg.), Grundgesetz. Kommentar (8. Aufl. 2018), Art. 83 Rn. 1f. und 23.

60 Zu dieser besonderen demokratischen Legitimation der kommunalen Selbstverwaltungskörperschaften: *Janssen*, Zugriffsrecht (Anm. 41), S. 145ff. und: Gefährdete Staatlichkeit (Anm. 7), S. 44ff.

61 Zu dieser »Zwischenstellung« der Landesparlamente, die aus ihrer primären Rolle als Kontrollorgane folgt: *Janssen*, Zugriffsrecht (Anm. 41), S. 160ff.; s. auch S. 157ff. zum Ver-

Aufs Ganze gesehen lassen sich also die Exekutivbefugnisse der Länder nicht lediglich als das Ergebnis der von Art. 20 Abs. 2 GG geforderten »Unterscheidung von Funktionen« verstehen. Vielmehr verlangt insoweit der Inhalt des in Art. 79 Abs. 3 GG festgehaltenen Willens der verfassungsgebenden Gewalt des Volkes für ihr Verständnis die Respektierung der durch das Bundesstaatsprinzip garantierten vertikalen Gewaltenteilung im dargelegten Sinne. Konkret gesprochen: Es ist besonders diese verfassungsrechtlich gewollte politische »Potenz«[62] der Landesexekutiven, die sie zum Garanten der regionalen politischen Autonomie der Bürger macht. Dass dieser vom Grundgesetz gewollte Rechtsstatus inzwischen namentlich durch die faktische Entwicklung des deutschen Bundesstaates zum »Allparteienbundesstaat« in Frage gestellt ist und darin eine politische Herausforderung zur Korrektur dieser Entwicklung durch verfassungsrechtliche Reformen gesehen werden muss, ist allerdings ausdrücklich zu betonen[63].

b) Im vorliegenden Zusammenhang muss schließlich noch darauf hingewiesen werden, dass der dargelegten Bedeutung der Landesexekutiven *die in Art. 79 Abs. 3 GG garantierte Beteiligung der Länder an der Bundesgesetzgebung und der Inhalt der ihnen nach dieser Vorschrift zukommenden eigenen Gesetzgebungskompetenzen* nicht widersprechen, sondern diese Bedeutung im Gegenteil weitgehend bestätigen:

Was zunächst die »grundsätzliche Mitwirkung der Länder bei der Gesetzgebung« des Bundes gem. Art. 79 Abs. 3 GG betrifft, so ist in dieser Hinsicht einmal zu beachten, dass insoweit offensichtlich nicht »das Volk in den Ländern, sondern die Länder als eigenständige politische Entscheidungszentren« gemeint sind[64]. Und weiter ist dann für unsere Fragestellung wichtig, dass der Sinn ihrer

ständnis der parlamentarischen Kontrolle als Möglichkeit demokratischer Legitimation und daneben die auf S. 162ff. besprochenen Beispiele zur Wirksamkeit einer solchen Kontrolle.

62 Ausdruck von *Werner Weber*, Spannungen und Kräfte im westdeutschen Verfassungssystem (3. Aufl. 1970), S. 170. Auf S. 162 spricht Weber von der Exekutive und Legislative als »zwei maßgebenden politischen Machtkörpern«.

63 Mit dem Begriff »Allparteienbundesstaat« fasst *Böckenförde* zutreffend eine Entwicklung in der Verfassungswirklichkeit zusammen, die die vertikale Gewaltenteilung zwischen Bund und Ländern faktisch weitgehend leer laufen lässt; s. ders., Staat, Nation, Europa (Anm. 31), S. 202 (genauer zu dieser Entwicklung, a.a.O., S. 183ff.). Dass die verfassungsrechtlich unproblematische Einführung einer Direktwahl der Ministerpräsidenten in den Bundesländern als das wohl wirksamste Mittel zur Wiederherstellung einer wirklichen vertikalen Gewaltenteilung zwischen Bund und Ländern anzusehen ist, habe ich mehrfach ausführlich dargelegt, s. nur *Janssen*, Gefährdete Staatlichkeit (Anm. 7), S. 227ff., 342ff.

64 So *Hans-Ulrich Evers*, Kommentierung des Art. 79 Abs. 3 GG (Erstbearbeitung 1982), in Dolzer/Vogel (Hrsg.), Bonner Kommentar zum Grundgesetz, Rn. 220. Weiter heißt es dort: »Eine effektive Mitwirkung der Länder erfordert, dass die Mitglieder des föderalen Organs die politische Auffassung des Landes, wie sie sich nach Landesverfassungsrecht formuliert

Zustimmungsrechte zu fast allen *politisch bedeutsamen* Bundesgesetzen (und untergesetzlichen Vorschriften) ursprünglich darin gesehen wurde, dass auf diese Weise die »Landesbezogenheit« derartiger Gesetze und der für ihre praktische Handhabung wichtige »*Vollzugssachverstand* der Länder« Berücksichtigung finden[65]. Es ist also in der Tat primär das Verständnis der Bundesländer als Exekutivgewalten, das sich in dieser Regelung des Art. 79 Abs. 3 GG niederschlägt.

Ähnliches gilt auch für die eigenen Gesetzgebungskompetenzen der Länder. Denn diese betreffen ja im Schwerpunkt immer noch das interne Organisations- und Verfahrensrecht, das Kommunalrecht, das Polizei- und Ordnungsrecht sowie das Kulturrecht[66]. Die insoweit wohl auch durch Art. 79 Abs. 3 GG geschützten Kompetenzen der Länder lassen also wiederum entweder direkt auf ihre primäre Eigenschaft als eigenständige Exekutive schließen oder sind solche, die der schon angesprochenen »Integration als Rechtswert auf Landesebene«[67] dienen sollen. Auch das ist ja eine Zielsetzung, die den inneren regionalen Zusammenhalt der kommunalen Selbstverwaltungskörperschaften in den Ländern wie den des jeweiligen Landes zu befördern vermag, und zwar insoweit ebenfalls im Blick auf ihre hier interessierende Eigenschaft als höhere Verwaltungseinheiten[68].

---

und artikuliert, in den Entscheidungsprozess des Bundes einbringen; sie erfordert daher eine *landesbezogene und landesgebundene Stimmabgabe«* (Hervorhebungen dort).

65 So *Rudolf Dolzer*, Das parlamentarische Regierungssystem und der Bundesrat – Entwicklungsstand und Reformbedarf (1. Bericht), in: VVDStRL 58 (1999), S. 26 (Hervorhebung A.J.). Die letzte Folgerung im Text legt im Grunde schon der Art. 51 Abs. 2 GG nahe, nach dem der Bundesrat ja »aus Mitgliedern der *Regierungen* der Länder« besteht.

66 Einen wirksamen Schutz für die den Ländern heute verbliebenen Gesetzgebungskompetenzen würde m. E. ein besonderer Katalog ihrer zentralen Gesetzgebungskompetenzen im Grundgesetz bewirken, s. zu diesem Vorschlag: Sonderheft 2000 der Zeitschrift für Gesetzgebung (Anm. 58), S. 35ff. und den Kommentar von *Albert Janssen* dazu, a. a. O., S. 49f. und *ders.*, Gefährdete Staatlichkeit (Anm. 7), S. 337ff.

67 So *Loschelder*, Kommunale Selbstverwaltungsgarantie (Anm. 51), S. 83.

68 *Werner Weber* spricht in Übereinstimmung mit dem dargelegten Verständnis der Länder als höhere Verwaltungseinheiten auch von ihnen als »autonomen Verwaltungskörpern«, in: Zur Vorläufigen Niedersächsischen Verfassung (Heft 7 der Schriftenreihe des Niedersächsischen Landtages) 1984, S. 32 und daneben von den Ländern als »gliedhaften Gebietskörperschaften höherer Art« (Die Verfassungsfrage in Niedersachsen, DVBl. 1950, S. 54). Für die Entwicklung der Länder unter der Weimarer Reichsverfassung hat schon *Gerhard Anschütz* eine ganz ähnliche Entwicklung prognostiziert, s. ders., Drei Leitgedanken der Weimarer Reichsverfassung (1923), S. 20f.

3. Ergebnis

Nach dem Grundgesetz ist der deutsche Bundesstaat zuvörderst als freiheitlicher Bundesstaat zu verstehen, da er die politische Autonomie seiner Bürger *erweitert.* Die materielle Rechtfertigung für diese Erweiterung besteht in der Notwendigkeit, die Freiheit unseres Daseins in kontingenter geschichtlicher Identität zu bewahren. Darin liegt auch eine weitere inhaltliche Konkretisierung der durch Art. 1 Abs. 1 S. 1 GG geschützten Menschenwürde, die sich letztlich wiederum aus dem durch Art. 79 Abs. 3 GG gestifteten Zusammenhang zwischen Art. 1 und Art. 20 GG ergibt.

Die regionale Verankerung der vom Bundesstaat zu gewährleistenden Autonomie seiner Bürger wird nun i. S. des Art. 1 Abs. 1 S. 2 GG besonders durch das verfassungsrechtliche Verständnis der Bundesländer als primäre Exekutivgewalten mit erheblicher politischer »Potenz« geachtet und geschützt. Die nach dem Grundgesetz garantierte vertikale Gewaltenteilung zwischen Bund und Ländern ist so gesehen im Ergebnis primär als eine Modifikation der ja ebenfalls durch Art. 79 Abs. 3 GG geschützten horizontalen Gewaltenteilung zwischen Legislative und Exekutive zu verstehen. Damit kann die insoweit vollzogene substanzielle Trennung zwischen Legislative und Exekutive i. S. Montesquieus auch als (weiterer) Beitrag zum Inhalt der republikanischen Amtsherrschaft über das dazu unter III.2. Gesagte hinaus angesehen werden.

V. Der soziale Rechtsstaat nach Artikel 79 Abs. 3 GG

Als »vereinende Klammer zwischen dem Rechtsstaatsprinzip und dem Sozialstaatsprinzip« ist »die in Art. 1 I GG garantierte Menschenwürde« genannt worden[69]. Demnach kann man die indirekte Kennzeichnung der Bundesrepublik Deutschland als sozialer Rechtsstaat in Art. 20 Abs. 1 und 3 GG und die ausdrückliche in Art. 28 Abs. 1 GG als (weitere) inhaltliche Bestimmung der Menschenwürde im Sinne des Art. 1 Abs. 1 S. 1 GG verstehen. Ob und inwieweit das tatsächlich der Fall ist, wird im Folgenden darum zunächst zu prüfen sein. Im Anschluss daran bleibt dann zu klären, welche verfassungsrechtlichen Anforderungen an die Realisierung des sozialen Rechtsstaats zu stellen sind. Wie hier bereits schon mehrfach betont, ist es der durch Art. 79 Abs. 3 GG gestiftete Zusammenhang zwischen Art. 1 und Art. 20 GG, der diesen Weg der Problemerörterung nahelegt.

1. Der Staat als Garant wohlgeordneter grundrechtlicher Freiheit

Ausgangspunkt der folgenden Erörterungen ist die Überlegung, dass sowohl das Rechtsstaatsprinzip wie das Sozialstaatsprinzip sich nur von der grundrechtlich geschützten *Freiheit* her verstehen lassen. Das ergibt sich für das Rechtsstaatsprinzip m. E. schon aus *Kants* klassischer Definition des Rechts, nach der das Recht »der Inbegriff der Bedingungen« ist, »unter denen die Willkür des einen mit der Willkür des anderen nach einem *allgemeinen Gesetz der Freiheit* zusammen vereinigt werden kann«[70]. Denn es ist danach ja Sinn und Aufgabe des

69 So *Hartmut Maurer*, Staatsrecht. Grundlagen, Verfassungsorgane, Staatsfunktionen (6. Aufl. 2010), S. 239 (= § 8, Rn. 84). Ergänzend heißt es dort: »Die Achtung der Menschenwürde verlangt … den sozialen Rechtsstaat.«

70 So *Kant*, Metaphysische Anfangsgründe der Rechtslehre (Metaphysik der Sitten Erster Teil) von 1798, in: Wilhelm Weischedel (Hrsg.), Immanuel Kant. Werke in zehn Bänden, Bd. 7 (1975), S. 337 (= § B Was ist Recht? – 3. Abs.) – Hervorhebungen A.J. Zur Interpretation

Rechtsstaates, »wohlgeordnete Freiheit«[71] zu gewährleisten. Und der Sozialstaat steht gleichfalls, wie gesagt worden ist. »im Dienst der Freiheit«[72]; dementsprechend wird auch ein »freiheitsfunktionales« Sozialstaatsverständnis gefordert[73].

Der *Zusammenhang* zwischen Rechtsstaat und Sozialstaat ist deshalb zwingend, weil anderenfalls von einer »*Unterbestimmung des Freiheitsbegriffs*« gesprochen werden müsste[74]. Es geht dem richtig verstandenen Sozialstaat nämlich um eine »autonomieethische *Ausweitung*«, die »das Freiheitsrecht in ein unverkürztes Selbstverfügungsrecht« verwandelt. Und dieses »Selbstverfügungsrecht« wiederum verlangt dann ein »sozialstaatliches Leistungsniveau«, das sich nicht auf die »Subsistenzsicherung« beschränkt[75].

Der *verfassungsrechtliche* Anknüpfungspunkt für dieses den sozialen Rechtsstaat prägende Freiheitsverständnis ist nun in Art. 2 GG zu suchen, der m. E. deshalb auch unter dem besonderen Schutz des Art. 79 Abs. 3 GG steht. Für den gewählten Anknüpfungspunkt spricht vor allem, dass Art. 2 Abs. 1 GG richtigerweise nicht als Grundrecht, sondern als »Freiheitsrechtsleitsatz« bzw. als »generelle Freiheitsauffassung« des Grundgesetzes zu verstehen ist[76]. Daraus

---

dieses Zitats s. besonders *Wolfgang Kersting,* Wohlgeordnete Freiheit. Immanuel Kants Rechts- und Staatsphilosophie (3. erweiterte und bearbeitete Aufl. 2007), S. 79ff.

71 So – wie eben in Anm. 70 erwähnt – der von Wolfgang Kersting gewählte Titel für seine Kant-Interpretation. Wenn *Jan Schapp* von der »bürgerlichen Freiheit als durch Moral und Recht kultivierten natürlichen Freiheit« spricht, so ist damit, wenn man die Erläuterungen Schapps zu dieser These liest, m. E. eine entsprechende Gestaltungsaufgabe des sozialen Rechtsstaats angesprochen, s. ders., Freiheit, Moral und Recht (2. um ein Nachwort ergänzte Aufl. 2017), bes. S. 259ff.

72 Der Titel der in diesem Zusammenhang besonders erwähnenswerten (2008 erschienenen) Untersuchung von *Michael Heinig* lautet: Der Sozialstaat im Dienst der Freiheit. Zur Formel vom »sozialen« Staat in Art. 20 Abs. 1 GG.

73 Davon spricht im Anschluss an Heinig: *Karl-Peter Sommermann,* Kommentierung des Art. 20 Abs. 1 GG, in: v. Mangoldt-Klein-Starck (Hrsg.), Kommentar zum Grundgesetz, Bd. 2 (6. Aufl. 2010), Rn. 12 mit Anm. 408.

74 So *Kersting,* Wohlgeordnete Freiheit (Anm. 70), S. 58 (Hervorhebungen A.J.).

75 So noch einmal *Kersting,* a. a. O., S. 57 (Hervorhebung A.J.). Es ist also der konsequent zu Ende gedachte Autonomiegedanke, der diese Argumentation stützt. Als »verfassungstheoretischer Basiswert« wird dieser Gedanke ausführlich von *Peter Unruh* durchbuchstabiert, s. ders., Der Verfassungsbegriff des Grundgesetzes. Eine verfassungstheoretische Rekonstruktion (2002), S. 7ff. und zusammenfassend für die ganze Untersuchung S. 594f. u. a.

76 Die genauere Begründung für die These, dass Art. 2 Abs. 1 GG als »Freiheitsrechtsleitsatz« zu verstehen ist, findet sich bei *Friedrich Klein,* Kommentierung des Art. 2 GG, in: von Mangoldt/Klein, Das Bonner Grundgesetz (Kommentar) Bd. I, 2. (!) Aufl. 1957, Anm. III 5 b) (= S. 167ff. – Zitat S. 167). *Günter Dürig* spricht dann davon, dass das Grundgesetz »seine generelle Freiheitsauffassung« in Art. 2 Abs. 1 GG »erkennbar gemacht« habe, s. ders., Art. 2 des Grundgesetzes und die Generalermächtigung zu allgemeinpolizeilichen Maßnahmen, AöR 79 (1953/54), S. 57 (63). Hierzu passt es auch, wenn *Ernst-Wolfgang Böckenförde* feststellt, dass Art. 2 Abs. 1 GG nach Absicht der Verfassungsschöpfer »das allgemeine Freiheitsprinzip proklamieren« sollte, so ders., Schutzbereich, Eingriff, verfassungsimmanente

folgt dann, dass in dieser Vorschrift – vor allem, wenn man sie im Zusammenhang mit Art. 1 Abs. 1 S. 2 GG liest – eine verbindliche *Aufgabennorm* für den sozialen Rechtsstaat gesehen werden muss. Als weitere Folge davon ist das allgemeine (unbenannte) Freiheitsgrundrecht, als das die ganz herrschende Meinung ja den Art. 2 Abs. 1 GG versteht, in Art. 2 Abs. 2 S. 2 GG zu verorten. In der Terminologie der meisten geltenden Polizeigesetze gesprochen folgt so gesehen der »Aufgabennorm« des Art. 2 Abs. 1 GG in Art. 2 Abs. 2 S. 2 und 3 GG die »Befugnisnorm« für den gesetzgeberischen grundrechtlichen Eingriff[77], und als Befugnisnormen sind damit auch die speziellen Freiheitsgrundrechte mit Gesetzesvorbehalten zu verstehen. Für diese von der Rechtsprechung und h.L. abweichende Interpretation des Art. 2 GG sprechen nun m.E. folgende Argumente[78]:

Zunächst die Überlegung, dass damit allen drei in Art. 2 Abs. 1 GG genannten Grenzen der freien Entfaltung der Persönlichkeit eine eigenständige rechtliche Bedeutung zukommt und weiter die durch Art. 2 Abs. 2 S. 2 GG geschützte »Freiheit der Person« dem Wortlaut dieser Vorschrift entsprechend nicht nur die körperliche Bewegungsfreiheit meint, sondern damit eben die freie Entfaltung der Persönlichkeit als (unbenanntes) Grundrecht anerkannt wird[79].

Wichtiger noch als dieser Zugewinn an dogmatischer Klarheit ist in unserem Zusammenhang aber, dass so die in Art. 2 Abs. 1 GG genannten Grenzen für die freie Entfaltung der Persönlichkeit eine Interpretation nahelegen, die eine genauere verfassungsrechtliche Inhaltsbestimmung der Forderung nach wohlgeordneter Freiheit ermöglicht. Denn die in Art. 2 Abs. 1 GG zuerst genannten »Rechte anderer« als verfassungsrechtliche Grenze der Entfaltungsfreiheit können primär als die Grundrechte anderer verstanden werden[80], und der Begriff der »verfassungsmäßige Ordnung« als ihre zweite Begrenzung lässt sich so

Schranken – Zur Kritik gegenwärtiger Grundrechtsdogmatik, Der Staat 42 (2003), S. 165 (188).

77 Genauer zu dieser für die gesamte Ordnungsverwaltung zentralen Unterscheidung: *Rolf Gröschner*, Das Überwachungsverhältnis. Wirtschaftsüberwachung in gewerbepolizeilicher Tradition und wirtschaftsverwaltungsrechtlichem Wandel (1992), S. 266ff. und: *Hinnerk Wissmann*, Generalklauseln. Verwaltungsbefugnisse zwischen Gesetzesmäßigkeit und offenen Normen (2008), S. 214ff.

78 Zum Folgenden genauer mit Nachweisen: *Janssen*, Das rechte Unterscheiden (Anm. 2), S. 57ff. und S. 68ff.

79 Schon *Gerhard Anschütz* hat sich bekanntlich gegen eine einschränkende Auslegung des Begriffs »Freiheit der Person« ausschließlich i.S. von körperlicher Bewegungsfreiheit gewandt, wie sie auch damals überwiegend für die inhaltlich dem Art. 2 Abs. 2 GG entsprechenden Vorschriften in der Preußischen Verfassung von 1850 und in der Weimarer Reichsverfassung vertreten wurde, s. ders., Die Verfassungsurkunde für den preußischen Staat vom 31. Januar 1850. Ein Kommentar für Wissenschaft und Praxis (1912), Artikel 5 Anm. 3 und seine Kommentierung der Weimarer Reichsverfassung: Die Verfassung des deutschen Reichs vom 11. August 1919 (14. Aufl. 1933), Artikel 114 Anm. 1f.

80 So etwa *Jörn Ipsen*, Staatsrecht II. Grundrechte (20. Aufl. 2017), Rn. 779.

auslegen wie die wörtlich damit übereinstimmende Grenzziehung in Art. 9 Abs. 2 GG, die bekanntlich die »elementaren Verfassungsgrundsätze und Grundentscheidungen des Verfassungsgebers« beinhaltet[81]. Was schließlich die dritte in Art. 2 Abs. 1 GG genannte Grenze der Entfaltungsfreiheit, das Sittengesetz, betrifft, so hat man ihr in diesem Kontext m. E. zu Recht die Aufgabe zugesprochen, Rechtsmissbrauch zu verhindern, und sie deshalb mit der Funktion von gesetzlichen Generalklauseln wie die Sittenwidrigkeit (§ 138 BGB), das Schikaneverbot (§ 226 BGB) und Treu und Glauben (§ 242 BGB) u. a. verglichen[82].

Alle diese Grenzziehungen sind nun m. E. in der Tat Ausdruck einer den sozialen Rechtsstaat kennzeichnenden »wohlgeordneten Freiheit«, die man auch als bürgerliche Freiheit bezeichnen kann[83]. Sie stellen darum *immanente* Grenzen der grundrechtlichen Freiheit dar und gelten folglich für alle Freiheitsgrundrechte einschließlich der vorbehaltlosen[84]. Folgt daneben noch aus der richtig verstandenen Freiheit, wie anfangs bemerkt, auch ein »unverkürztes Selbstverfügungsrecht«, so findet dieses seine verfassungsrechtliche Absicherung ansatzweise im Auftrag des sozialen Rechtsstaates nach Art. 2 Abs. 1 GG, »*jedem*« das Recht auf die freie Entfaltung seiner Persönlichkeit zu gewährleisten. Ob insoweit darüber hinaus konkretere verfassungsrechtliche Maßstäbe etwa durch ein vom Bundesverfassungsgericht und einem Teil der Lehre entwickeltes sog. Untermaßverbot möglich sind, erscheint mir allerdings im Blick auf das schon durch Art. 2 Abs. 2 S. 3 GG nahegelegte Verständnis der Grundrechte als Abwehrrechte zumindest fraglich[85]. Damit sind m. E. die wesentlichen

81 Siehe dazu wiederum *Klein*, Kommentierung des Art. 2 GG (Anm. 76), Anm. IV 2 a) (= S. 182).

82 So etwa *Adalbert Podlech*, Kommentierung des Art. 2 GG, in: Erhard Denninger u. a. (Hrsg.), Kommentar zum Grundgesetz für die Bundesrepublik Deutschland (Reihe Alternativkommentare), Bd. 1 (3. Aufl. 2001), Art. 2, Rn. 65f.

83 Siehe dazu den Nachweis in Anm. 71 auf die Abhandlung von *Jan Schapp*.

84 So schon *Dürig*, Art. 2 des Grundgesetzes (Anm. 76), S. 80, 81 mit der weitergehenden Folgerung, dass sowohl die Legislative wie die Verwaltung diese immanenten Schranken konkretisieren können, wobei entsprechende Gesetze nach Dürig dann nur »deklaratorische« und keine »konstitutive« Bedeutung besitzen und darum auch weder Art. 19 Abs. 1 noch Abs. 2 GG für sie gelten. Denn es geht insoweit nicht, wie Dürig sagt, um »Eingriffe« in die Freiheit, sondern lediglich um die »Zurückweisung in bestehende Schranken«. Der Gesetzesvorbehalt des Art. 2 Abs. 2 S. 3 GG betrifft danach also (neben den Eingriffen in »das Recht auf Leben und körperliche Unversehrtheit«) »nur« die nicht durch Art. 2 Abs. 1 GG gerechtfertigten wirklichen Eingriffe in das durch Art. 2 Abs. 2 S. 2 GG garantierte »allgemeine« Freiheitsgrundrecht. Vieles spricht m. E. dann dafür, dieses Grundrecht mit *Konrad Hesse* u. a. als »die Gewährleistung der engeren persönlichen, freilich nicht auf rein geistige und sittliche Entfaltung beschränkten, Lebenssphäre« (also in diesem Sinne als »benanntes« Freiheitsgrundrecht) zu verstehen, s. dazu ders. Grundzüge (Anm. 3), Rn. 428.

85 Siehe insoweit nur die Kritik an diesen Versuchen bei *Thorsten Kingreen/Ralf Poscher*, Grundrechte. Staatsrecht II (33. Aufl. 2017), Rn. 348ff., auch Rn. 137. Geht man allerdings

verfassungsrechtlichen Aussagen des Art. 2 Abs. 1 GG, die eine für die Menschenwürde nach Art. 1 Abs. 1 S. 1 GG relevante wohlgeordnete Freiheit ausmachen, benannt.

2. Der Staat als Garant ihrer Realisierung durch gerechte Amtsherrschaft

Die so definierte »bürgerliche Freiheit« als Inhaltsbestimmung des sozialen Rechtsstaates wird nun, wie aus dem für sie geltenden Gesetzesvorbehalt des Art. 2 Abs. 2 S. 3 GG wie auch aus den Gesetzesvorbehalten der übrigen Freiheitsgrundrechte folgt, durch eine entsprechende Gesetzgebung und – soweit eine solche verfassungsrechtlich nicht geboten ist – auch durch die Verwaltung realisiert. Nimmt man hinzu, dass nach dem Grundgesetz Gesetzgebung wie Verwaltung gerichtlich kontrolliert werden können, so lässt sich auch von einem (entscheidenden) Beitrag der Justiz zur Verwirklichung des sozialen Rechtsstaates sprechen.

Alle drei Staatsgewalten üben nun ja, wie hier unter III. 2. und IV.2. ausgeführt, in dem ihnen verfassungsrechtlich zugeschriebenen Umfang und der ebenfalls durch das Grundgesetz vorgegebenen Form Amtsherrschaft aus. Was die verfassungsrechtlich vorgegebene Form betrifft, so ist diese allerdings bekanntlich für den *Gesetzesbegriff* strittig, soweit es sich nicht um ein aufgrund der grundrechtlichen Gesetzesvorbehalte und damit besonders an Art. 19 Abs. 1 GG gebundenes Gesetz handelt[86]. Die hier interessierende und jetzt zu behandelnde weitere Frage lautet nun aber, in welcher Weise die rechtliche Bindung der Amtsherrschaft nach Art. 20 Abs. 3 GG, die ja ebenfalls unter dem besonderen Schutz des Art. 79 Abs. 3 GG steht, eine (eben auch von Art. 20 Abs. 3 GG intendierte) *gerechte* Amtsherrschaft als zentrale Bedingung für die Verwirkli-

von einer »Unterbestimmung des Freiheitsbegriffs« durch dieses Verständnis der Grundrechte aus (s. dazu hier bei Anm. 74f.), so lässt sich auch ein aus Art. 2 Abs. 1 GG i. V. m. dem jeweils einschlägigen Freiheitsgrundrecht folgender, verfassungsrechtlich verbürgter Leistungsanspruch des Bürgers zumindest dann bejahen, wenn die für die Staatsgewalt geltende »Verpflichtung« des Art. 1 Abs. 1 S. 2 GG, die Menschenwürde »zu achten und zu schützen«, die Anerkennung eines solchen Anspruchs nahe legt. So gesehen kann man bei einem Nichterbringen dieser dann verfassungsrechtlich gebotenen staatlichen Leistung auch von einem »Eingriff durch Unterlassen« in die grundrechtlich garantierte Freiheit des Bürgers sprechen.

86 Inwieweit der abstrakt-generelle Gesetzesbegriff darüber hinaus verfassungsrechtliche Verbindlichkeit besitzt und daneben nach dem Grundgesetz (nur) noch der (ebenfalls besonderen verfassungsrechtlichen Anforderungen unterliegende) Typ des Richtlinien- und Grundsatzgesetzes als für das legislative Zugriffsrecht typische Gesetzesform in Betracht kommt, habe ich an anderer Stelle ausführlich dargelegt und begründet, s. *Janssen*, Zugriffsrecht (Anm. 41), bes. S. 235ff. (Zusammenfassung).

chung des sozialen Rechtsstaates gewährleistet. Diese Frage lässt sich m. E. nur durch eine richtige Interpretation des verfassungsrechtlich begründeten Verhältnismäßigkeitsprinzips (Übermaßverbot) und des Willkürverbots beantworten, wobei daneben auch noch die insoweit besondere Rolle der Rechtsprechung zur Gewährleistung einer gerechten Amtsherrschaft zu beachten ist:

a) Zunächst ist der aufgrund des Art. 2 Abs. 2 S. 3 GG und der übrigen grundrechtlichen Gesetzesvorbehalte in die Freiheitsgrundrechte des Grundgesetzes »eingreifende« Gesetzgeber an den *Grundsatz der Verhältnismäßigkeit* (das Übermaßverbot) gebunden. Was den Inhalt dieser verfassungsrechtlichen Bindung angeht, so legen Rechtsprechung und Lehre insoweit ganz überwiegend die im *Verwaltungsrecht* (genauer im Polizeirecht) entwickelten Entscheidungskriterien zugrunde und prüfen dementsprechend auch den gesetzgeberischen Eingriff in die Freiheitsgrundrechte daraufhin, ob er geeignet, erforderlich und verhältnismäßig im engeren Sinne ist. Dieses Vorgehen erscheint mir deshalb fragwürdig, weil es der Eigenart des Interessenkonflikts, um den es bei dem gesetzgeberischen Eingriff in die Freiheitsgrundrechte geht, nicht gerecht wird. Denn es ist davon auszugehen, dass »der Konflikt zwischen Grundrecht und öffentlich-rechtlichem Gesetz … ein Konflikt um den Vorrang eines von zwei Rechtsgütern in einer bestimmten Situation« ist[87]. Der Grundsatz der Verhältnismäßigkeit hat also eine »Freiheitsverteilungsentscheidung«[88] zu treffen. Um das zu erkennen, muss man zwischen dem dem staatlichen Gesetzgeber durch die Gesetzesvorbehalte der Freiheitsgrundrechte eingeräumten »Eingriffsrecht« einerseits und der im konkreten Fall daraus folgenden »Konstellation« unterscheiden, dass Grundrechtsinhaber und staatlicher Gesetzgeber sich in »einem Verhältnis der Gleichordnung, der Gegenseitigkeit gegenüberstehen«[89].

Diese »Doppelrolle« des Staates[90] ist es nun, die für die verfassungsrechtliche

87 So *Wolfgang Schur*, Anspruch absolutes Recht und Rechtsverhältnis im öffentlichen Recht, entwickelt aus dem Zivilrecht (1993), S. 237; ganz entsprechend Hesse, Grundzüge (Anm. 3), Rn. 72, 317 ff.

88 Ausdruck von *Kingreen/Poscher*, Grundrechte (Anm. 85), Rn. 128. Genauere Darlegung dieses Standpunktes bei *Schur*, Anspruch (Anm. 87), S. 130 ff., 135 ff., 158 ff., 178 ff.

89 So *Joachim Lege*, Philosophie der Gerechtigkeit und Theorie der Rechtsverhältnisse. Ein Dialog zwischen Aristoteles und der Eigentumsdogmatik, in: Katharina Gräfin von Schlieffen (Hrsg.), Republik, Rechtsverhältnis und Rechtskultur (2018), S. 351 (364). Grundlegend dazu *Schur*, Anspruch (Anm. 87), bes. S. 106 ff.

90 So *Lege*, Philosophie der Gerechtigkeit (Anm. 89), S. 366. Im Grunde besteht die »Doppelrolle« des Staates insoweit bei jeder staatlichen Gesetzgebung. Denn »das staatliche Handeln wird in seiner Art nicht nur durch das Gesetz bestimmt, sondern in dieser Bestimmung liegt *zugleich* eine Entscheidung des Konfliktes zwischen Bürger und Staat über die Zulässigkeit dieses staatlichen Handelns«, so *Jan Schapp*, Hauptprobleme der juristischen Methodenlehre (1983), S. 42 (Hervorhebung A.J.), genauer dazu a. a. O., S. 38 ff.

Verortung des Verhältnismäßigkeitsprinzips in den Grundrechten und/oder Art. 19 Abs. 2 GG spricht[91]. Denn seine verfassungsrechtliche Fundierung im Rechtstaatsprinzip[92] oder seine Herleitung aus einem entsprechenden Verfassungsgewohnheitsrecht[93] vermag eben nicht das angesprochene Gegenseitigkeitsverhältnis zwischen Grundrechtsinhaber und staatlichem Gesetzgeber als notwendige Rahmenbedingung für den vom Verhältnismäßigkeitsprinzip zu leistenden Interessenausgleich zu erklären. Und so erst wird auch deutlich, dass es sich hier um einen typischen Fall der *ausgleichenden Gerechtigkeit* im Sinne der zuerst von *Aristoteles* entwickelten (und in der Folgezeit in vielen Varianten durchdeklinierten) Gerechtigkeitsvorstellung handelt, die er dann ja bekanntlich von der verteilenden Gerechtigkeit als ihrer zweiten Form (und der Billigkeit) unterscheidet[94].

Das öffentliche Amt der Abgeordneten in den Parlamenten verpflichtet diese also zu einer die Freiheitsgrundrechte einschränkenden Gesetzgebung, die sich letztlich an diesem Maßstab orientieren muss. Und gleiches gilt dann für den öffentlichen Dienst in der Verwaltung, der diese Gesetze ja zu »vollziehen« hat.

b) Die soeben erwähnte zweite Form der Gerechtigkeit nach *Aristoteles* – die *verteilende* Gerechtigkeit mit ihrer Forderung nach proportionaler Gleichheit – ist nun »nicht im Gleichordnungs-, sondern in einem Oben-Unten-Verhältnis angesiedelt«. Sie »obliegt« damit »jedem, der etwas zu verteilen hat«[95] und folglich besonders auch dem leistenden (und planenden) Staat. Der entscheidende verfassungsrechtliche Maßstab für eine dementsprechende gerechte Amtsherrschaft ist nun ganz offensichtlich allein der allgemeine Gleichheitssatz des Art. 3 Abs. 1 GG. Anders nun aber als die das Verhältnismäßigkeitsprinzip (in Verbindung mit Art. 19 Abs. 2 GG) begründenden Freiheitsgrundrechte beinhalten der allgemeine Gleichheitssatz und die übrigen besonderen Gleichheitsgrundrechte »keine immer schon vorhandenen Rechtsstellungen«, sondern sie sind als »Bewertungsmaßstäbe … im *bereits bestehenden* Verhältnis zwi-

91 Siehe dazu nur die überzeugende Begründung durch *Walter Krebs*, Zur verfassungsrechtlichen Verortung und Anwendung des Übermaßverbots, JURA 2001, S. 228ff. (bes. S. 233f.) und daneben *Philipp Kunig*, Das Rechtsstaatsprinzip. Überlegungen zu seiner Bedeutung für den Verfassungsstaat der Bundesrepublik Deutschland (1986), S. 350ff. Überschrieben hat Kunig diesen Abschnitt übrigens wie folgt: Gerechtigkeit als Verhältnismäßigkeit.

92 Dazu kritisch: *Kunig*, Rechtsstaatsprinzip Anm. 91), S. 195ff. und ergänzend *Wolff*, Verfassungsgewohnheitsrecht (Anm. 43), S. 229ff.

93 So *Wolff*, a.a.O., S. 421ff., 465.

94 Siehe dazu: *Aristoteles*, Nikomachische Ethik, Fünftes Buch, 5. – 7. Kapitel und zur Billigkeit das 14. Kapitel. Zum Verständnis der ausgleichenden und verteilenden Gerechtigkeit bei Aristoteles übersichtlich: *Ralf Dreier*, Was ist Gerechtigkeit?, JuS 1996, S. 580ff.

95 So *Dreier*, a.a.O., S. 582.

schen Staat und Bürger« zu verstehen[96]. Letztlich ist es dieser Unterschied, der m. E. die im Vergleich zu den Rechtsverhältnissen im Eingriffsbereich weitaus geringere verfassungsrechtliche Vorprägung der Leistungs- und Planungsgesetzgebung wie der entsprechenden Verwaltung begründet; und das gilt dann natürlich auch für die Amtsherrschaft derjenigen, die die notwendigen Rechtsvorschriften zu beschließen und zu vollziehen haben[97].

c) Sind damit die verfassungsrechtlichen Gewährleistungen für eine gerechte Amtsherrschaft der für die Gesetzgebung verantwortlichen Abgeordneten und des diese Gesetze vollziehenden öffentlichen Dienstes in der Verwaltung benannt, so bleiben schließlich noch die entsprechenden Anforderungen an die *gerechte Amtsherrschaft des Richters* zu klären. Die inhaltlichen verfassungsrechtlichen Vorgaben können für ihn natürlich keine anderen sein als die soeben unter a) und b) aufgezeigten. Allerdings ist der *Charakter der daraus folgenden Rechtsbindung* aus verfassungsrechtlichen Gründen *ein anderer.* Die Verfassungs- und Verwaltungsrichter müssen nämlich den doppelten Charakter der ihnen vorgegebenen Normen als Handlungs- *und* Kontrollnormen bei ihrer rechtsprechenden Tätigkeit berücksichtigen. Denn »für die aktiv handelnden staatlichen Organe« – die Legislative und Exekutive – ist »eine Norm ›Handlungsnorm‹, also Handlungsanweisung und Handlungsgrenze«; für den Verfassungs- und Verwaltungsrichter ist dagegen »dieselbe Norm ›Kontrollnorm‹, an der das Handeln oder Unterlassen der staatlichen Organe gemessen wird«. Die Rechtfertigung für diese Unterscheidung beruht auf der Überlegung, dass eben »Handeln und Kontrollieren … zwei verschiedene Funktionen« sind[98].

Zwar formuliert das Grundgesetz nicht ausdrücklich diese Unterscheidung; sie ist dennoch nach dem hier unter III. und IV. Ausgeführtem geboten. Denn die andersartige Rechtsbindung von Legislative und Exekutive folgt danach aus ihrem letztlich durch die *politische* Autonomie des Bürgers besonders gerechtfertigten Handeln. Diese direktere demokratische Legitimation macht die be-

96 So richtig *Schur,* Anspruch (Anm. 87), S. 217f. (Hervorhebungen A.J.). Siehe daneben S. 159 Anm. 108 und auch die von Schur auf S. 202ff., S. 213ff. klar herausgearbeiteten, strukturellen Unterschiede zwischen den Rechtsverhältnissen im Eingriffsbereich und denen im Leistungsbereich, die auch die unterschiedliche verfassungsrechtliche Vorprägung der genannten Rechtsverhältnisse erklären.

97 Zur Kritik an den weitergehenden Versuchen, eine verfassungsrechtliche Vorprägung der Rechtsverhältnisse im Leistungsbereich zu begründen, s. den Nachweis hier in Anm. 85. Dort allerdings auch der Hinweis, dass sich Leistungsansprüche grundsätzlich wohl auch mit einem erweiterten grundrechtlichen Freiheitsbegriff begründen lassen, für die dann wiederum der Maßstab der ausgleichenden Gerechtigkeit gelten müsste.

98 So *Klaus Schlaich/Stefan Korioth,* Das Bundesverfassungsgericht. Stellung, Verfahren, Entscheidungen (10. Aufl. 2015), Rn. 516 mit weiteren Nachweisen.

sondere »Dignität«[99] ihres Handelns aus und liefert den verfassungsrechtlichen Grund für die getroffene Unterscheidung.

Nun besagt aber eine Vorschrift wie der Art. 1 Abs. 3 GG, dass im Zweifel die *grundrechtlich* garantierte Freiheit (und Gleichheit) des Bürgers, die der soziale Rechtsstaat als wohlgeordnete Freiheit zu gewährleisten hat, seiner sich in Gesetzgebung und Verwaltung äußernden politischen Autonomie Grenzen setzt. Und diese Aussage unterstreicht dann der Art. 19 Abs. 2 GG, der den Gesetzgeber ja zugleich noch auf den durch Art. 79 GG vorgezeichneten Weg verweist, wenn er die Wesensgehaltsgarantie des Art. 19 Abs. 2 GG unbeachtet lässt[100]. Diese vom Grundgesetz vollzogene Grenzziehung kann nun m. E. nur unter rein rechtlichen Gesichtspunkten geschehen und setzt darum das Verständnis der im konkreten Fall einschlägigen Verfassungs- oder Verwaltungsnorm als Kontrollnorm voraus. Solchen Grenzziehungen Geltung zu verschaffen, ist *darum* eine genuine Aufgabe der Rechtsprechung.

Worin liegt dann aber das entscheidende Kriterium, das eine (richterliche) Amtsherrschaft zu einer gerechten macht? Zur Beantwortung dieser Frage scheint mir wiederum ein Rückgriff auf die Nikomachische Ethik des *Aristoteles* hilfreich – genauer gesagt auf seine dortigen Ausführungen zur »Billigkeit«[101]. Nach *Aristoteles* gehören ja »das Billige und das Gerechte ... der Gattung der Gerechtigkeit an, wobei das Billige das *Überlegene* ist«[102]. In Fortführung dieser Überlegungen ist zur grundsätzlichen Rolle des Richters bemerkt worden: »Auch wenn man dem Richter das Recht Gesetze zu machen abspricht, ist man gezwungen, ihm in unserem System die Interpretationsbefugnis zu belassen«. Von ihm wird deshalb folgerichtig, wie ich meine, erwartet, dass er »den vollen Gehalt der Gerechtigkeitsidee ausschöpft«[103]. Von gerechter Amtsherrschaft des Richters lässt sich demnach aufgrund seiner verfassungsrechtlich vorgegebenen Aufgabenstellung nur dann sprechen, wenn er seine Auslegung der Rechtsnormen um das ergänzt, was sie eigentlich intendieren: die Gerechtigkeit, wobei diese wiederum m. E. in einem säkularen, demokratischen Staat letztlich nur

99 So *Schur*, Anspruch (Anm. 87), S. 165, s. dazu auch die Erläuterung dort in Anm. 126: »Dieses wertorientierte Verständnis auch des öffentlich-rechtlichen Gesetzes hat seine Grundlage in der Legitimation des parlamentarischen Gesetzgebers durch den politischen Akt der Wahl, mit dem sich das Gesetz auf die ethisch begründete Selbstbestimmung des einzelnen zurückführen lässt.« M. E. gilt das – besonders, wenn man die hier unter IV.2. angestellten Überlegungen berücksichtigt – cum grano salis auch für das parlamentarisch kontrollierte Handeln der Exekutive.

100 Diese zuletzt genannte Funktion des Art. 19 Abs. 2 GG wird richtig betont von *Sebastian Lenz*, Vorbehaltlose Freiheitsrechte. Stellung und Funktion vorbehaltloser Freiheitsrechte in der Verfassungsordnung (2006), S. 70 f.

101 Aristoteles, Nikomachische Ethik, Fünftes Buch, 14. Kapitel.

102 So die Kommentierung des hier in Anm. 101 nachgewiesenen Textes durch *Ursula Wolf*, Aristoteles' »Nikomachische Ethik« (2002), S. 113 (Hervorhebung A.J.).

103 So Chaïm Perelman, Über die Gerechtigkeit (1967), S. 112, 114.

– und das scheint mir der tiefere Sinn des von *Aristoteles* vertretenen Verständnisses der Billigkeit zu sein – im konkreten Fall gefunden werden kann[104].

3. Ergebnis

Dem unter dem Schutz des Art. 79 Abs. 3 GG stehenden sozialen Rechtsstaat des Grundgesetzes geht es deshalb um »wohlgeordnete Freiheit«, weil mit *Kant* die Aufgabe des Rechts darin besteht, die Willkür des einen mit der Willkür des anderen nach einem *allgemeinen Gesetz der Freiheit* zu vereinigen. Aus verfassungsrechtlicher Sicht geschieht das durch eine Auslegung des Art. 2 Abs. 1 GG, die in dieser Vorschrift einen für alle Freiheitsgrundrechte (einschließlich der vorbehaltlosen) verbindlichen »Freiheitsrechtsleitsatz« sieht, der ihre *immanenten Schranken* benennt und damit die Aufgabennorm für den sozialen Rechtsstaat darstellt. Das allgemeine (unbenannte) Freiheitsgrundrecht ist dann entgegen der h. M. in Art. 2 Abs. 2 S. 2 GG zu verorten und muss dann wie alle Freiheitsgrundrechte mit einem Gesetzesvorbehalt als Befugnisnorm für den gesetzlichen Eingriff verstanden werden. Neben der so bestimmten Aufgabe des sozialen Rechtsstaats besteht seine darüber hinausgehende auch darin, »*jedem*« die Chance zur freien Entfaltung seiner Persönlichkeit zu gewährleisten. Diese zweifache Aufgabenbestimmung des sozialen Rechtsstaats kann wegen des durch Art. 79 Abs. 3 GG gestifteten Zusammenhangs zwischen Art. 1 und 20 GG als Beitrag zur inhaltlichen Bedeutung der Menschenwürde im Sinne des Art. 1 Abs. 1 S. 1 GG verstanden werden.

Nur eine *gerechte* Amtsherrschaft gewährleistet nun die von Art. 1 Abs. 1 S. 2 GG geforderte Erfüllung der so bestimmten Aufgabe des sozialen Rechtsstaats in der Verfassungswirklichkeit. Verfassungsrechtlich ist damit, was den in die Freiheitsgrundrechte eingreifenden Gesetzgeber (und die die entsprechenden Gesetze ausführende Verwaltung) betrifft, die Beachtung des Verhältnismäßigkeitsprinzips als Ausdruck der »ausgleichenden« Gerechtigkeit im Sinne von *Aristoteles* verlangt. Daneben kommt für den Leistungsstaat die verfassungsrechtliche Bindung von Gesetzgeber und Verwaltung an den allgemeinen Gleichheitssatz als Maßstab für die ebenfalls von *Aristoteles* geforderte verteilende Gerechtigkeit in Betracht. Beide genannten verfassungsrechtlichen Maßstäbe gelten natürlich auch für den Richter. Ihre juristische Bedeutung ist für ihn aber deshalb eine andere, weil die Legitimation der rechtsprechenden Gewalt allein aus ihrer Bindung an das geltende Recht folgt, – das richterliche Handeln also in weit geringerem Umfang als das der Abgeordneten und des öffentlichen

104 Zur genaueren Begründung dieses Standpunktes s. *Janssen*, Das rechte Unterscheiden (Anm. 2), S. 18ff.

Dienstes (auch) durch die politische Autonomie der Bürger gerechtfertigt ist. Diese unterschiedliche Legitimation ist es, die vom Richter ein Verständnis der ihm vorgegebenen Normen als *Kontrollnormen* verlangt und als Maßstab für seine Amtsherrschaft den ansatzweise wiederum bei *Aristoteles* entwickelten Zusammenhang zwischen der Billigkeit und der Forderung nach Gerechtigkeit nahelegt.

VI. Der offene Verfassungsstaat nach Artikel 79 Abs. 3 GG

Der offene Verfassungsstaat hat in Art. 79 Abs. 3 GG durch den Verweis dieser Vorschrift auf das in Art. 1 Abs. 2 GG angesprochene Bekenntnis des deutschen Volkes zu den Menschenrechten »als Grundlage *jeder* menschlichen Gemeinschaft« seinen indirekten verfassungsrechtlichen Niederschlag gefunden. Da die ausdrücklich für den Charakter der Bundesrepublik Deutschland als offener Verfassungsstaat sprechenden Art. 23–25 GG nicht unter dem besonderen Schutz der genannten Ewigkeitsklausel stehen, haben sich die folgenden Überlegungen auf die verfassungsrechtliche Fundamentalnorm des Art. 1 Abs. 2 GG zu beschränken. Welche Bedeutung ihr für das Verständnis des deutschen Staates als offenem Verfassungsstaat zukommt, kann sich an der richtigen Antwort auf die Frage zeigen, inwiefern sich der Staat des Grundgesetzes als Garant der universalen Menschenrechte verstehen lässt. Am Beispiel des vom evangelischen Kirchenrecht zu lösenden Problems, wie es sicherstellen kann, dass die partikularen Landeskirchen der Universalität ihres (gleichen) Verkündigungsauftrags gerecht werden, sollen im Anschluss daran diese Ausführungen dann noch vertieft werden.

1. Der Staat als Garant der universalen Menschenrechte

Um die Tragweite der Fragestellung zu erkennen, ist vorab klarzustellen, dass die universalen Menschenrechte sowohl die hier unter V. behandelte grundrechtliche Autonomie wie auch die unter III. und IV. untersuchte politische Autonomie des Bürgers betreffen. Denn nach ganz überwiegender Ansicht wollen sie neben Leben, Freiheit und Gleichheit der Menschen einerseits auch ihr Recht auf politische Mitbestimmung (einschließlich des Selbstbestimmungsrechts der *Völker*) schützen[105].

105 Zusammenfassend zu den »Geltungsvoraussetzungen« universaler Menschenrechte, ihrem »Bestand« und ihren »Arten«: *Klaus Stern*, Das Staatsrecht der Bundesrepublik Deutsch-

In dieser zweifachen Bedeutung haben die universalen Menschenrechte nun auch Berücksichtigung in Art. 1 GG gefunden. Denn der für den größten Teil der Grundrechte vertretene Menschenwürdegehalt (und ihr damit insoweit unter dem Schutz des Art. 79 Abs. 3 GG stehender Inhalt) sind unbestritten. Und ebenso überzeugend scheint es mir im Blick auf den erwähnten politischen Gehalt der Menschenrechte, wenn das Bundesverfassungsgericht vom »letztlich in der Würde des Menschen wurzelnden Anspruch auf Demokratie« spricht[106]. Folgerichtig ist m. E. dann auch festgestellt worden, dass der Art. 1 GG »Art. 2–19 einerseits und Art. 20 GG andererseits zusammenbindet«[107].

---

land, Bd. III/2: Allgemeine Lehren der Grundrechte, (1994), S. 1519ff. (= § 94 I und II) und S. 1588ff. (= § 94 III.7) und *ders.*, Die Idee der Menschen- und Grundrechte, in: Merten/ Papier (Hrsg.). Handbuch der Grundrechte, Bd. I (2004), S. 3ff.; s. daneben besonders den kurzen präzisen Überblick von: *Angelika Nußberger,* Die Universalität der Menschenrechte. Ideengeschichtliche Grundlagen, normativer Gehalt und Allgemeinverbindlichkeitsanspruch (Vortrag bei den 52. Essener Gesprächen zum Thema Staat und Kirche am 13. März 2017. Die seit langem angekündigte Drucklegung dieses Beitrags in der gleichnamigen Schriftenreihe ist bis heute – Mai 2020 – leider nicht erfolgt).

106 So BVerfGE 129, 124 (169); ganz entsprechend etwa BVerfGE 123, 267 (341) und BVerfGE 142, 123 (189f.). In diesem Zusammenhang ist auch die vom Bundesverfassungsgericht namentlich in seinen Entscheidungen zur fortschreitenden Integration der Bundesrepublik Deutschland in die Europäische Union entwickelte extensive Auslegung des Art. 38 Abs. 1 GG zu erwähnen. Denn nach dieser Rechtsprechung garantiert die genannte Vorschrift nicht nur ein subjektives Recht des deutschen Wahlbürgers auf Einhaltung des Demokratieprinzips, sondern – konsequent zu Ende gedacht – auch auf Einhaltung der nach Art. 79 Abs. 3 GG unabänderlichen Verfassungsnormen, da »jeder wahlberechtigte Bürger … ein Recht auf Teilhabe an den verfassungsgebenden Gewalt« besitzt, so richtig *Dietrich Murswiek*, Art. 38 GG als Grundlage eines Rechts auf Achtung des unabänderlichen Verfassungskerns, JZ 2010, S. 702 (708) in Fortentwicklung des Lissabon-Urteils des Bundesverfassungsgerichts (BVerfGE 123, 167). Siehe daneben *ders.* unter Auswertung der Rechtsprechung des Gerichts zur »Euro-Rettung« ergänzend: Die Eurokrise vor dem Bundesverfassungsgericht. »E u r o – Rettungsschirm«, Europäischer Stabilitätsmechanismus und Rettungsmaßnahmen der EZB. Dokumentation der Schriftsätze und systematische Einführung (2016), S. 29ff. Im Grunde handelt es sich bei dieser Rechtsprechung des Bundesverfassungsgerichts zu Art. 38 GG m. E. um eine verfassungsrechtliche Konkretisierung seines Satzes vom »letztlich in der Würde des Menschen wurzelnden Anspruch auf Demokratie«. Weitgehende Einigkeit besteht im Übrigen ja in der Lehre seit langem darüber, dass die Wahlrechtsgrundsätze des Art. 38 Abs. 1 GG »objektives Recht und *zugleich grundrechtsgleiche Rechte*« sind, so etwa die Kommentierung des Art. 38 von *Pieroth,* in: Jarass/Pieroth, Grundgesetz für die Bundesrepublik Deutschland. Kommentar (15. Aufl. 2018), Art. 38, Rn. 1 (Hervorhebungen A.J.) mit Nachweisen.

107 So *Jan Schapp*, Grundrechte als Wertordnung, JZ 1998, S. 913 (918). Präzisierend bemerkt Schapp dazu an anderer Stelle, dass die »Freiheit des Bürgers zur politischen Mitbestimmung … *ausgestaltet* in Art. 20 I, II GG« sei, so *ders.*, Über Ethik, Freiheit und Recht, A L 2014, S. 8 (14 – Hervorhebung A.J.). Man kann demnach aufgrund des Art. 1 Abs. 2 GG auch für den Staat des Grundgesetzes »von den *symbiotisch verbundenen*, ihrer Herkunft nach sehr unterschiedlichen Komponenten des demokratischen Verfassungsstaates« sprechen, so in anderem gedanklichen Zusammenhang *Peter Graf Kielmannsegg*, Die Grammatik der Freiheit. Acht Versuche über den demokratischen Verfassungsstaat (2013), S. 258 (Her-

Der unter dem besonderen Schutz des Art. 79 Abs. 3 stehende Art. 1 GG stellt so gesehen »den Rechtsgrund« für die innerstaatliche Verbindlichkeit der universalen Menschenrechte dar[108]. Wie lässt sich nun aber die universale Rechtsnatur der Menschenrechte, die sie ja mit dieser Inkorporation in das Grundgesetz nicht abgelegt haben, mit ihrer partikularen Rechtsgeltung als Teil der deutschen Verfassungsrechtsordnung juristisch auf einen Nenner bringen? Eine schlüssige Antwort auf diese Frage kann man wohl nur mit dem Hinweis geben, dass die universalen Menschenrechte »als Kern – und nicht nur als Schranke – der *Souveränität*«[109] des Staates aufzufassen sind und eine so verstandene Souveränität »auf eine Verantwortung für die Wahrung der Menschenrechte« zielt[110]. Denn für diese Ansicht spricht nun m. E., dass nach dem hier Ausgeführten sowohl die politische Autonomie wie die grundrechtliche der Bürger menschenrechtlich fundiert sind. Und das gilt auch für die verfassungsgebende Gewalt des deutschen Volkes und ihre inhaltliche Konkretisierung durch Art. 79 Abs. 3 GG. Denn man kann dieses Recht des deutschen Volkes ja wiederum nur als Ausfluss aus dem menschenrechtlich begründeten Selbstbestimmungsrecht der Völker verstehen[111].

Die Staatsgewalt der Bundesrepublik Deutschland (und damit auch ihre Befugnis zur Rechtssetzung) ist demnach letztlich nicht auf ihre staatliche Autorität an sich zurückzuführen, sondern auf die durch das Grundgesetz anerkannte universale Geltung der Menschenrechte. Denn der Auftrag, sie zu realisieren, legitimiert eben erst die staatliche Autorität. Das bedeutet dann für die uns hier beschäftigende Frage nach der verfassungsrechtlich gebotenen Achtung und dem verfassungsrechtlich gebotenen Schutz der Menschenwürde (Art. 1 Abs. 1 S. 2 GG), dass die hier unter III.–V. entwickelten Inhalte der Menschenwürde wie die sie gewährleistende gerechte republikanische Amtsherrschaft letztlich als Beitrag des deutschen Verfassungsstaates zur Geltung der universalen Menschenrechte verstanden werden müssen. Es ist diese Folgerung, die auch schlüssig das »darum« in Art. 1 Abs. 2 GG erklärt.

---

vorhebungen A. J.). Zu den daraus sich ergebenden Folgen für das Souveränitätsverständnis unseres Staates s. hier weiter den Text.

108 Diese Folgerung ergibt sich aus der m. E. zutreffenden Bemerkung von *Christoph Enders*, dass »das Grundgesetz den Rechtsgrund der innerstaatlichen Bedeutung des Völkerrechts« legt, so ders., Menschenrechtsidee und staatliche Grundrechtsgewährleistung – ein unauflösbarer Widerspruch? Das Naturrechtsproblem nach 50 Jahren Grundgesetz, in: Verfassung – Philosophie – Kirche. FS für Alexander Hollerbach zum 70. Geburtstag, hrsg. von Joachim Bohnert u. a. (2001), S. 540.

109 So *Jörg Paul Müller*, in: Immanuel Kant, Metaphysische Anfangsgründe der Rechtslehre, hrsg. von Otfried Höffe (1999), S. 272f. (Hervorhebung A.J.).

110 Darauf weisen *Kingreen/Poscher*, Grundrechte (Anm. 85), Rn. 146 hin.

111 Zum klärenden Beitrag der völkerrechtlichen Lehre vom Selbstbestimmungsrecht des Volkes für die Inhaltsbestimmung des der verfassungsgebenden Gewalt des deutschen Volkes zugrundeliegenden Volksbegriffs s. schon *Janssen*, Gefährdete Staatlichkeit (Anm. 7), S. 578ff.

2. Zu einer analogen Garantenstellung der evangelischen Landeskirchen für ihren universalen Verkündigungsauftrag

Die exemplarische Bedeutung des evangelischen Kirchenrechts für die soeben behandelte Problematik, den partikularen deutschen Verfassungsstaat als Garanten der universalen Menschenrechte zu verstehen, besteht darin, dass es vor die entsprechende Aufgabe gestellt ist, »die Diskrepanz« zwischen der Verfassung der einzelnen evangelischen Landeskirche »mit begrenztem Wirkungsbereich und dem Selbstverständnis einer solchen Partikularkirche als Teil einer rechtlich nicht fassbaren universalen Kirche«[112], juristisch adäquat zu erfassen. Das gelingt m. E. überzeugend mit folgender kirchenrechtlichen Argumentation, die als Bestätigung unserer unter 1. vertretenen Rechtsansicht verstanden werden kann[113]:

Die Eigenschaft der einzelnen evangelischen Landeskirchen als Partikularkirchen beruht auf ihren unterschiedlichen (schriftlich fixierten) Bekenntnissen. Doch geht *jede* einzelne Partikularkirche – auch bezeugt durch entsprechende kirchenverfassungsrechtliche Aussagen – »davon aus, dass in *ihrem* Bekenntnis die Merkmale festgelegt sind, die die Identität ihrer Verkündigung mit der ursprünglichen christlichen Botschaft und damit die Zugehörigkeit zur apostolischen Kirche bekunden«[114]. Das ist der »legitimierende Bezugspunkt« ihres Redens und Handelns, der sie übrigens zugleich »in ein rechtlich relevantes Verhältnis« zu den anderen Landeskirchen setzt[115]. Die »Souveränität« der einzelnen Landeskirchen als Partikularkirchen besteht so gesehen darin, dass sie jede für sich die (Letzt-)verantwortung für den ihnen gemeinsamen universalen Verkündigungsauftrag besitzen. Das macht ihre »Garantenstellung« für die richtige Erfüllung dieses Auftrags aus[116].

Die mit Händen zu greifenden Parallelen des Gesagten zur Garantenstellung des deutschen Verfassungsstaates für die universalen Menschenrechte besitzen nun m. E. deshalb eine so große Überzeugungskraft, weil beide, Kirchen wie Staat, letztlich auf existentielle Fragen des Menschen ständig neue Antworten finden müssen[117]. Wenn diese dann aus juristischer Sicht – partiell – gleich

112 So *Dietrich Pirson,* Gesammelte Beiträge zum Kirchenrecht und Staatskirchenrecht, 2. Halbband (2008), S. 688 f.

113 Zum Folgenden besonders: *Pirson,* Universalität und Partikularität (Anm. 13), 171 ff., 242 ff. und Beiträge (Anm. 112), S. 686 ff.

114 So *Pirson,* Beiträge (Anm. 112), S. 692 (Hervorhebung A.J.).

115 So wiederum *Pirson,* a. a. O., S. 693.

116 Siehe zum Zusammenhang zwischen dieser Verantwortung der Kirchen und ihrer Eigenschaft als Rechtssubjekt: *Pirson,* Universalität und Partikularität (Anm. 13), S. 247 ff.

117 Dazu vertiefend *Janssen,* Die Kunst des Unterscheidens (Anm. 2), S. 265 f. im Anschluss an *ders.*, Gefährdete Staatlichkeit (Anm. 7), S. 614.

ausfallen, so weisen sie auch auf die Notwendigkeit hin, die Erinnerung an die bleibende Bedeutung eines richtig verstandenen Jus utrumque wachzuhalten. Das rechtfertigt m.E letztlich diesen und den bereits unter II. behandelten Vergleich mit analogen Problemlösungen im evangelischen Kirchenrecht.

3. Ergebnis

Unter dem besonderen Schutz des Art. 79 Abs. 3 GG steht der offene Verfassungsstaat des Grundgesetzes insofern, als sich das deutsche Volk nach Art. 1 Abs. 2 GG zu den Menschenrechten »als Grundlage *jeder* menschlichen Gemeinschaft« bekennt. Da sowohl die nach dem Grundgesetz garantierte grundrechtliche wie die durch die Verfassung geschützte politische Autonomie des Bürgers letztlich menschenrechtlich fundiert sind, ist es nur konsequent, in der Verantwortung des deutschen Staates für die Wahrung der Menschenrechte den Kern seiner Souveränität zu sehen. Deshalb müssen die hier unter III.–V. entwickelten verfassungsrechtlichen Inhalte der Menschenwürde wie ihr vom Grundgesetz gebotener Schutz durch gerechte republikanische Amtsherrschaft letztlich als Beitrag des deutschen Verfassungsrechts zur Geltung der universalen Menschenrechte verstanden werden.

Eine Entsprechung findet die Deutung des offenen Verfassungsstaates als Garant der universalen Menschenrechte in dem Verhältnis der evangelischen Landeskirchen zur Universalität ihres Verkündigungsauftrags. Für ihren Rechtsstatus ist nämlich konstitutiv, dass sie als Partikularkirchen mit einem »begrenzten Wirkungsbereich« sich eben wegen der Universalität ihres Verkündigungsauftrags als »Teil einer rechtlich nicht fassbaren universalen Kirche« zu verstehen haben. Dieser allen evangelischen Landeskirchen gemeinsame »legitimierende Bezugspunkt« begründet auch ihre »Souveränität« in dem Sinne, dass jede für sich die (Letzt-)verantwortung für den ihnen gemeinsamen universalen Verkündigungsauftrag besitzt. Es ist diese im evangelischen Kirchenrecht festzustellende vergleichbare Interessenlage mit der des offenen Verfassungsstaates, die nicht nur dessen hier vertretenes Verständnis zu vertiefen vermag, sondern darüber hinaus an den bleibenden Sinn eines Jus utrumque erinnern kann.

VII. Die Schlussfolgerung: Das durch Artikel 79 Abs. 3 GG begründete allgemeine Verfassungsrechtsverhältnis als verbindliches Leitbild für die Auslegung des Grundgesetzes

Wie fügt sich nun die geschilderte Auslegung der einzelnen durch Art. 79 Abs. 3 geschützten Staatsstrukturprinzipien zu einem Gesamtbild, das man als Ausdruck eines dem Grundgesetz immanenten »historisch-dogmatischen Ganzen« verstehen kann? Auf diese Ausgangsfrage unserer Überlegungen soll abschießend (auch) deshalb noch eingegangen werden, weil sie – wie bereits *Savigny* betont hat[118]– ein Grundproblem der juristischen Hermeneutik betrifft. Und das gilt für die Verfassungsauslegung wegen der zwangsläufigen Lückenhaftigkeit eines jeden Verfassungstextes und der starken politischen Prägung seiner Begrifflichkeit ganz besonders[119]. Dass nun in dem durch Art. 79 Abs. 3 GG begründeten allgemeinen Verfassungsrechtsverhältnis das »historisch-dogmatische Ganze« seinen adäquaten Ausdruck gefunden hat, ergibt sich aus folgender Überlegung:

Die hier unter I.1. versuchte verfassungstheoretische Deutung des Art. 79 Abs. 3 GG hat ergeben, dass aufgrund dieser Vorschrift die in Art. 20 GG genannten Staatsstrukturprinzipien inhaltlich die Aufgabe des Staates bestimmen, die ihm durch Art. 1 Abs. 1 S. 2 GG gestellt ist. Er muss danach unter Beachtung dieser Prinzipien seiner Verpflichtung, die Menschenwürde »zu achten und zu schützen«, gerecht werden. Das heißt nach dem hier Ausgeführten: Er muss als Republik die Ausübung der grundrechtlichen und politischen Autonomie seiner Bürger durch gerechte Amtsherrschaft sicherstellen und realisiert damit einen menschenrechtlich fundierten Auftrag.

Man kann darin m. E. die Inhaltsbestimmung eines zwischen dem Staat und seinen Bürgern bestehenden allgemeinen Verfassungsrechtsverhältnisses sehen, das seine Wurzeln letztlich wohl im die gesamte Rechtsordnung bestimmenden

118 *Friedrich Carl von Savigny*, System des heutigen Römischen Rechts, Erster Band (1840), S. 215.

119 Darum hat auch *Ernst-Wolfgang Böckenförde* (Staat, Verfassung, Demokratie. Studien zur Verfassungstheorie und zum Verfassungsrecht, 1991, S. 82f.) als Grundlage für die Verfassungsauslegung eine Verfassungstheorie als »ein Äquivalent für das ›historisch-dogmatische Ganze‹ der Rechtsordnung, von dem Savigny sprach«, gefordert.

»Grundprinzip des gegenseitigen Achtens« besitzt[120]. Da nach der hier vertretenen Interpretation des Art. 79 Abs. 3 GG der Art. 1 Abs. 1 GG die grundrechtliche und politische Autonomie der Bürger unter dem Begriff der Menschenwürde zusammenfasst, stehen nun in diesem Rechtsverhältnis nicht nur, wie behauptet worden ist, »den Befugnissen der Ämter ... die *Grundrechte* der Bürger gegenüber«[121]. Vielmehr sind, wie gesagt, »beide Autonomien« – die private wie die öffentliche – »aufeinander bezogen«[122]. Und deshalb kann man auch im Blick auf das Grundgesetz von der »Autonomie als verfassungstheoretischem Basiswert« sprechen, den der Staat als Republik dann zu achten und zu schützen hat[123]. So gesehen ging schließlich die hier versuchte Interpretation des Art. 79 Abs. 3 GG zu Recht von der These aus, dass dem Art. 1 GG »das volle Gewicht einer normativen Grundlegung dieses geschichtlich-konkreten Gemeinwesens« zukommt[124].

Entscheidend für das Verständnis des Art. 79 Abs. 3 GG als Grundlage eines allgemeinen Verfassungsrechtsverhältnisses ist nun daneben noch, dass die genannte Vorschrift nicht nur dessen Inhalt bestimmt, sondern auch eine besondere demokratische Legitimation für dieses Rechtsverhältnis stiftet. Diese Folgerung ergibt sich aus der bereits unter I. 2 dargelegten Eigenschaft der Ewigkeitsklausel, dass sie als verbindliche Aussage über den durch die verfassungsgebende Gewalt des deutschen Volkes geäußerten Willen zu verstehen ist. Es ist die dadurch begründete *direkt*-demokratische Legitimation des allgemeinen Verfassungsrechtsverhältnisses, die dieses von allen anderen öffentlichrechtlichen Rechtsverhältnissen unterscheidet und sein Verständnis

120 Zu diesem Prinzip anschaulich: *Karl Larenz*, Richtiges Recht. Grundzüge einer Rechtsethik (1979), S. 45ff. Zum allgemeinen öffentlichrechtlichen Rechtsverhältnis »als Konstitutionsprinzip« s. nur *Schur*, Anspruch (Anm. 87), S. 181ff, bes. S. 188ff.

121 So *Wilhelm Henke*, Recht und Staat. Grundlagen der Jurisprudenz (1988), S. 612 (Hervorhebung A.J.), vgl. auch seine allgemeinen Ausführungen zum Verfassungsrechtsverhältnis auf S. 611ff.

122 So *Schapp* Freiheit, Moral und Recht (Anm. 71), S. 316f.

123 Bedenkt man, dass das Verständnis des Staates als juristischer Person sich nach dem hier unter III. –VI. Ausgeführten letztlich »aus der Personalität seiner Bürger ableitet« (so richtig *Schur*, a.a.O., S 256), dann wird auch die gedankliche Grundlage für die Qualifizierung der Autonomie als »verfassungstheoretischem Basiswert« (so *Peter Unruh*, s. hier den Nachweis in Anm. 75) deutlich: Es ist das Modell des Gesellschaftsvertrages. Denn der Gesellschaftsvertrag »formuliert« ja »die Grammatik des wechselseitigen politischen Anerkennungsmodus der Bürger und die Entstehung und Ausübung legitimer Herrschaft«, so richtig: *Wolfgang Kersting*, Die politische Philosophie des Gesellschaftsvertrags (1994), S. 354.

124 So das Verständnis des Art. 1 GG von *Konrad Hesse* (s. den Nachweis hier in Anm. 3) als Ausgangspunkt unserer Überlegungen zur Auslegung des Art. 79 Abs. 3 GG. Art 1 GG gewinnt diese Bedeutung allerdings erst dadurch – das ist ja das wesentliche Ergebnis unserer Interpretation der Ewigkeitsklausel –, dass Art. 79 Abs. 3 GG den Art. 1 GG und Art. 20 GG zusammenbindet.

als Inhaltsbestimmung des für die Auslegung des Grundgesetzes verbindlichen Leitbildes rechtfertigt. Nicht also eine aus dem Grundgesetz als Verfassungs*gesetz* abgeleitete Rechtsanalogie liefert den Rechtsgrund für dieses verfassungsrechtliche Verhältnis, sondern eben die verfassungsgebende Gewalt des deutschen Volkes. Da es nun letztlich die von Art. 79 Abs. 3 GG vorausgesetzte verfassungstheoretische Unterscheidung zwischen Verfassung und Verfassungsgesetz ist, auf der die vorgetragene Deutung des allgemeinen Verfassungsrechtsverhältnisses aufbaut, wird man im Ergebnis wohl *Hegel* Recht geben müssen, wenn er feststellt:

»Eine Verfassung ist kein bloß Gemachtes: sie ist die Arbeit von Jahrhunderten, die Idee und das Bewusstsein des Vernünftigen, inwieweit es in einem *Volk* entwickelt ist. Keine Verfassung wird daher bloß von Subjekten geschaffen«[125].

Es ist dieses Verfassungsverständnis, das in Art. 79 Abs. 3 GG seinen *juristischen* Niederschlag gefunden hat, und es war das Hauptanliegen der vorstehenden Überlegungen, diese These genauer zu begründen!

125 So im Zusatz zu § 274 seiner »Grundlinien der Philosophie des Rechts« (1821), S. 440 (zitiert nach der von Moldenhauer/Michel herausgegebenen Ausgabe seiner Werke, Bd. 7, 4. Aufl. 1995 – Hervorhebung A.J.). *Carl Schmitt* bemerkt m. E. nicht zu Unrecht: Hegel und Savigny »waren echte Aufhalter, Katechonten im konkreten Sinne des Wortes, Aufhalter der freiwilligen und unfreiwilligen *Beschleuniger auf dem Wege zur restlosen Funktionalisierung*«, so ders., Verfassungsrechtliche Aufsätze (Anm. 17), S. 429 (Hervorhebungen A.J.).

Anhang: Die gefährdete Identität des Grundgesetzes durch Fehlentwicklungen in der deutschen Verfassungswirklichkeit

1. Vorbemerkung

Wie hier im Vorwort bereits angemerkt, erfordern auch bedenkliche Entwicklungen in der Verfassungswirklichkeit der Bundesrepublik Deutschland eine Rückbesinnung auf die Aussagen des Art. 79 Abs. 3 GG zur Identität des Grundgesetzes. Die im Folgenden abgedruckten früheren Arbeiten von mir begründen diese These genauer:

Die erste der erwähnten Abhandlungen ist 2002 im 35. Band der Zeitschrift »Die Verwaltung« (dort S. 117–130) erschienen. Ihr vollständiger Titel lautete damals: »Die Infragestellung des Verfassungsstaates. Ein Nachwort zur CDU-Spendenaffäre und den zeitgleichen Affären der nordrhein-westfälischen und der niedersächsischen Landesregierung.« Trotz des lange zurückliegenden Erscheinens dieses Aufsatzes habe ich mich für seinen (geringfügig geänderten) Wiederabdruck deshalb entschieden, weil man die dort geschilderten Vorfälle m. E. letztlich als frühen Beleg für die seit langem durch die Politik vollzogene Identifikation von Parteien und Staat verstehen muss – mit der für unsere Thematik relevanten Folge, dass die verfassungsrechtlich geforderten republikanische Amtsherrschaft weitgehend zur alleinigen (bisweilen korrupten) Parteienherrschaft degeneriert ist.

Der Text meines dann folgenden, bisher ungedruckten Vortrags aus dem Jahr 2017 vertieft diese Beobachtungen und ergänzt sie noch durch die Darlegung, dass heute in der deutschen Verfassungswirklichkeit die durch Art. 79 Abs. 3 GG besonders geschützte horizontale wie vertikale Gewaltenteilung kaum noch Bedeutung besitzt. Wenn man dann schließlich noch die inzwischen ebenfalls problematische Machtteilung zwischen der verfassungsgebenden Gewalt des deutschen Volkes und den Kompetenzen des Bundestages berücksichtigt, so hat aufs Ganze gesehen – das ist das Ergebnis dieses Beitrags – das Grundgesetz seinen für den Schutz der Verfassungsidentität konstitutiven Charakter als Mischverfassung verloren. Aus alldem ergibt sich die Notwendigkeit zu Verfassungsreformen, auf die deshalb in beiden Abhandlungen genauer eingegangen wird.

Allerdings ist heute – darauf sei hier schließlich noch ausdrücklich hingewiesen – vom fehlenden Interesse der *Politik* am Schutz der Verfassungsidentität im dargelegten Sinne auszugehen. Das muss man deshalb annehmen, weil die politische Klasse in Deutschland sich inzwischen ganz überwiegend mit einem Identitätskonzept des sog. Verfassungspatriotismus zufrieden gibt, das sich unter Verzicht auf jede Vorstellung von der Bundesrepublik Deutschland als politischer Einheit auf die Identifikation des einzelnen Bürgers mit dem Grundgesetz als Verfassungs*gesetz* beschränkt[126]. Denn sie hat damit ja letztlich die für die vorgetragene Auslegung des Art. 79 Abs. 3 GG konstitutive Unterscheidung zwischen Verfassung und Verfassungsgesetz, auf der sein Identitätskonzept für den Staat des Grundgesetzes aufbaut, verabschiedet. Bedenkt man dann noch, dass die deutsche Politik im Gegensatz zu allen anderen Mitgliedsstaaten der Europäischen Union ebenfalls unter Ausblendung der Frage nach der nationalen Einheit die Beförderung der (z. Zt. lediglich fiktiven) europäischen politischen Einheit zum vorrangigen Ziel ihres Handels gemacht hat[127], dann ist auch aus diesem Grund von ihrem mangelnden Willen, für den Schutz des Art. 79 Abs. 3 GG im verfassungsrechtlich gebotenen Umfang einzutreten, auszugehen. Die im Folgenden unter 2. und 3. geschilderten Entwicklungen in der deutschen Verfassungswirklichkeit lassen nun aber m. E. zumindest die Frage aufkommen, ob es an der Zeit ist, an Verfassungsreformen wie die dort vorgeschlagenen deshalb zu denken, weil der Art. 79 Abs. 3 GG nach

126 Siehe dazu nur die überzeugende Kritik an diesem Identitätskonzept von *Otto Depenheuer*, Integration durch Verfassung? Zum Identitätskonzept des deutschen Verfassungspatriotismus, DÖV 1995, S. 854 ff.

127 Es war, wie *Josef Isensee* richtig feststellt, das selbst nach der Wiedervereinigung weiterhin lebendige »tiefere Unbehagen am Nationalstaat überhaupt«, das nun die Deutschen hoffen ließ, »in einem künftigen *Europa* ihre beschädigte nationale Identität ablegen und eine neue intakte Identität finden zu können«, so ders., § 6 Die Staatlichkeit der Verfassung, in: Depenheuer/Grabenwarter (Hrsg.), Verfassungstheorie (2010), S. 226 (Hervorhebung A.J.). Diese politische Haltung ist auch aus historischer Sicht kritisch wie folgt beurteilt worden: »Zu den oberflächlichen Hoffnungen gegenwärtiger Diskussionen gehört die Meinung, wir könnten dank vortrefflicher *europäischer* Gesinnung allen Nachdenkens darüber enthoben sein, welche Gestalt die Geschichte und das künftige Schicksal von Nationen haben könnten. Bei nicht wenigen hat die Wiedervereinigung zusätzliche Abneigung gegenüber diesem Thema hervorgerufen«, so *Hartmut Boockmann*, Stauferzeit und spätes Mittelalter. Deutschland 1125–1517 (1994), S. XI (Hervorhebung A. J.). Es war bei dieser politischen Grundhaltung nur folgerichtig, dass die deutsche Europapolitik besonders seit dem Vertrag von Maastricht mit zunehmender Tendenz der deutschen Bevölkerung in vielfacher (nicht nur finanzieller) Hinsicht in einem solchen Maß Belastungen zugemutet hat, das jeder andere Mitgliedsstaat der Europäischen Union für seine Bevölkerung abgelehnt hat. Die Griechenlandhilfen der Europäischen Union und das seit 2015 *alle* Mitgliedsstaaten herausfordernde Flüchtlingsproblem sind dafür nur einige (sprechende) Beispiele.

der hier vertretenen Interpretation ja den wirksamen Schutz der Menschenwürde sicherstellen kann und soll.

2. Die Infragestellung des Verfassungsstaates

I. Einleitung: Der Grund der Darlegungen

Es ist inzwischen hinreichend Zeit vergangen, um zu einer angemessenen Bewertung der im Jahr 1999 bekannt gewordenen Spendenaffäre der CDU, der fast gleichzeitig aufgedeckten Fälle privater und parteilicher Vorteilsnahme durch Mitglieder der nordrhein-westfälischen Landesregierung und auch des Ende 1999 in Niedersachsen (u. a. parteiintern) erzwungenen Regierungswechsels zu kommen. Um das Ergebnis meiner Bewertung gleich vorwegzunehmen: Nach meiner Überzeugung sind die genannten Ereignisse nicht harmlose Begleiterscheinungen unserer Parteienstaatsdemokratie, denen man am ehesten gerecht wird, wenn man möglichst bald wieder zur Tagesordnung übergeht. Auch moralische Entrüstung oder Häme scheinen mir nicht die angemessene Reaktion auf das Vorgefallende zu sein. Ich sehe darin vielmehr eine grundsätzliche Infragestellung unseres Staates als Verfassungsstaat, und insoweit haben diese Ereignisse auch eine Geschichte, die möglicherweise noch nicht zu Ende ist. Ich will diese These im Folgenden zu begründen und Antworten darauf zu geben versuchen. Ich beginne mit einer kurzen Schilderung der angesprochenen Fälle und ihrer üblichen rechtlichen Würdigung in der Presse und einschlägigen Literatur. Es folgt eine eigene verfassungsrechtliche Begründung für die behauptete grundsätzliche Bedeutung der geschilderten Fälle, und schließlich will ich Verbesserungsvorschläge unterbreiten: Wie der Arzt nicht bei der Diagnose der Krankheit stehen bleiben darf, sondern zur Therapie übergehen muss, so hat nach meinem Verständnis entsprechend auch der Verfassungsjurist zu handeln – wohl wissend, dass man Verwerfungen in unserem Verfassungssystem wie Krankheiten nicht aus der Welt schaffen, sondern sie nur partiell und mit zeitlich begrenztem Erfolg korrigieren kann. Meine Überlegungen enden mit dem Versuch einer abschließenden Bewertung der angesprochenen Geschehnisse.

II. Die Geschehnisse und ihre rechtliche Würdigung

1. An der Spendenaffäre der CDU interessiert hier allein das Verhalten des ehemaligen Bundeskanzlers *Kohl* und dies auch nur insofern, als er mehrfach öffentlich unter Berufung auf sein gegebenes Ehrenwort und entgegen seiner aus dem Parteiengesetz folgenden Verpflichtung erklärt hat, er sei nicht bereit, die

Personen oder Institutionen zu nennen, die seiner Partei in der Vergangenheit einem namhaften Geldbetrag haben zukommen lassen. Das ist zunächst – wie mehrfach hervorgehoben worden ist – schon deshalb ein bemerkenswerter Vorgang, weil der ehemalige Regierungschef eines Landes offen einen Gesetzesverstoß begeht und sich dabei auf eine höhere Moral beruft. Bei diesem Gesetzesverstoß handelt es sich im Übrigen zugleich, wenn man die in Frage stehende Vorschrift des Parteiengesetzes als Konkretisierung des im Grundgesetz für die Parteien statuierten Transparenzgebots versteht, um einen Verstoß des einstigen Bundeskanzlers gegen die geltende Verfassung, auf die er ja seinen Amtseid abgelegt hatte. Das allein hat schon etwas: Der Bundeskanzler gibt bei der Entgegennahme von Spenden sein »Ehren«-Wort, dass er ggf. den von ihm geleisteten Verfassungseid brechen wird und handelt dann auch entsprechend.

Aber das ist noch nicht alles, was an diesem Vorgang bemerkenswert ist: Kaum beachtet wurde bisher, dass es ja 1983 die CDU-Fraktion war, der *Kohl* auch damals angehörte, die gemeinsam mit der FDP-Fraktion jene Novelle des Parteiengesetzes im Bundestag einbrachte, in der sich auch die Vorschrift findet, die der ehemalige Bundeskanzler nun nicht mehr gegen sich gelten lassen will. Und natürlich trägt dann auch das entsprechende Gesetz vom 12. Dezember 1983 seine Unterschrift. Schließlich ist in diesem Zusammenhang an die Aussage Kohls im *Flick*-Untersuchungsausschuss, der in den Jahren 1983/84 tagte, zu erinnern. Auf die Frage des damaligen Abgeordneten *Schily*, er habe »doch eine Verpflichtung aus Artikel 21 des Grundgesetzes i. V. m. § 25 des Parteiengesetzes, die Spender namhaft zu machen«, antwortete Kohl dort: »Zu den Fehlern, die wir uns vorzuhalten haben, gehört, dass wir, alle demokratischen Parteien, diese rechtliche Festlegung nicht eingehalten haben.« Schily: »Darf ich dann Ihre Antwort so verstehen, Herr Zeuge, dass Sie bewusst gegen diesen Verfassungsartikel verstoßen haben?« Kohl: »... wahr ist, dass bewusst ... alle demokratischen Parteien, d.h. der Kollege Brandt, der Kollege Scheel und der Kollege Genscher in dem fraglichen Zeitabschnitt, der Kollege Strauß und auch ich und alle unsere Schatzmeister an diesem Punkt einen Verstoß begangen haben. Dies ist wahr«[128].

Es handelt sich also, was das Verhalten von *Kohl* in der jetzigen Parteispendenaffäre betrifft, um eine Wiederholungstat, während die übrigen von ihm genannten Politiker augenscheinlich so weit nicht gegangen sind. Man kann es auch anders ausdrücken: Wenn der ehemalige Spitzenmanager des Hauses *Krupp*, *Eberhard von Brauchitsch*, in einem internen Vermerk aus dem Jahre 1979 anmahnt, dass man die »besondere Pflege der Bonner Landschaft« nicht

128 Zit. nach *Burchardt/Schlamp* (Hrsg.), Flick-Zeugen. Protokolle aus dem Untersuchungsausschuss, 1985, S. 208.

unterschätzen solle[129], so hat dieses Bemühen der Wirtschaft – was die Offenlegung der Parteispenden betrifft – augenscheinlich bei Kohl die nachhaltigsten Erfolge gezeitigt. Nimmt man die Schwarzgeldaffäre der CDU in Hessen und die 2001 bekannt gewordene fragwürdige Spendenpraxis der Berliner CDU hinzu, so kann man auch allgemein von einem heute speziell die CDU betreffenden Problem sprechen.

2. In dem zweiten zu berichtenden Fall geht es mir nicht um die vollständige Schilderung der Ende 1999 in Nordrhein-Westfalen entdeckten »Fusion von Politik und Geld«, wie sie durch das sogenannte »System *Neuber*« ins Werk gesetzt wurde[130]. Insoweit kann man auf die ausführliche Presseberichterstattung darüber[131] und die Darstellung dieses Systems durch die Soziologen *Erwin* und *Ute Scheuch* verwiesen werden[132]. Hier interessiert lediglich die vielfache unentgeltliche Benutzung von eigenen Flugzeugen der Westdeutschen Landesbank oder von ihr gecharterten durch zahlreiche Mitglieder der nordrhein-westfälischen Landesregierung – einschließlich ihres ehemaligen Ministerpräsidenten und heutigen Bundespräsidenten *Rau.* Zu betonen ist aber vorab ausdrücklich, dass eine solche Symbiose zwischen Parteien, Politik und Wirtschaft bei uns schon eine gewisse Tradition besitzt. Ich erinnere nur an die Diskussionen über das Geschäftsgebaren der gewerkschaftseigenen »Neuen Heimat«, das ich auch persönlich zu Beginn der 1970er Jahre als Dezernent für sozialen Wohnungsbau bei einer niedersächsischen Bezirksregierung über ein Jahr lang sehr genau beobachten konnte. Auch die Geschehnisse um die in Konkurs gegangene Bremer Werft Vulkan wären hier zu erwähnen. Doch zurück zum aktuellen Fall, den Flügen der nordrhein-westfälischen Landesregierung auf Kosten der WestLB. Lässt man insoweit einmal die einschlägige Presseberichterstattung außer Betracht und konzentriert sich auf den Zwischenbericht des vom nordrhein-westfälischen Landtag eingesetzten Parlamentarischen Untersuchungsausschusses vom 11. April 2000[133], so scheint folgendes kaum bestreitbar:

Die WestLB als öffentlich-rechtliches Kreditinstitut, das der Aufsicht des nordrhein-westfälischen Wirtschaftsministeriums untersteht, »unterstützt«

129 Ebd., S. 72f.

130 Zit. nach *Scheuch/Scheuch*, Die Spendenkrise – Parteien außer Kontrolle, 2000, S. 135. – *Friedel Neuber* ist bekanntlich seit 1981 Chef der Westdeutschen Landesbank. Größter Anteilseigner der WestLB ist mit 43 % das Land Nordrhein-Westfalen; der Rest wird von den Sparkassen und den Landschaftsverbänden in Westfalen und im Rheinland gehalten.

131 Siehe etwa »Der Spiegel«, Nr. 52/1999, S. 44ff. und Nr. 3/2000, S. 86 sowie »Focus« Nr. 49/1999, S. 42ff. und 50/1999, S. 46f.

132 Nachw. in FN 130.

133 NWLT-Drs. 12/4870.

nach § 6 Abs. 2 ihrer Satzung »das Land Nordrhein-Westfalen ... in der Erfüllung öffentlicher Aufgaben«. Aus dieser Regelung hat die Landesregierung im Untersuchungsausschuss den in meinen Augen abenteuerlichen Schluss gezogen, dass sie sich zu Recht zahlreiche Flugreisen, die unbestritten zum Teil auch zu Parteiveranstaltungen führten oder privaten Zwecken dienten, von der WestLB finanzieren ließ. Dass Reisen in Erfüllung staatlicher Aufgaben aus dem entsprechenden Titel eines vom Parlament beschlossenen Haushalts, Parteiveranstaltungen von den Parteien und private Unternehmungen von den betreffenden Privatleuten finanziert werden müssen, wird dabei geflissentlich übersehen. Übersehen wird auch die Tatsache, dass derartige Ausgaben der WestLB zu Lasten des Gewinns der Bank, die ja außer dem Land noch andere Anteilseigner (Sparkassen und Kommunalverbände) besitzt, gingen. Wenn dann – was diesen letzten Einwand betrifft – argumentiert worden ist, mit den anderen Anteilseignern der WestLB sei »jeweils ein Ausgleich« hergestellt worden, so stellt sich doch erst recht die Frage, was dann die Berufung auf § 6 der Satzung der WestLB soll und warum man sich nicht für die Finanzierung aller in Frage stehenden Flüge der aufgezeigten legalen Formen bedient hat. Und es bleibt der Verdacht, dass man den Weg an den verfassungsrechtlichen Vorschriften über den Haushalt vorbei auch deshalb für diese Reisen wählte, um parteiliche, private und öffentliche Interessen »ungestörter« miteinander verbinden zu können.

3. Betreffen die beiden bisher vorgetragenen Fälle – allgemein gesprochen – von den politischen Parteien bewusst gesuchte Verflechtungen mit der Wirtschaft (bzw. zwangsläufige Verflechtungen zwischen Parteien, Staat und Wirtschaft), die dem geltenden Recht widersprechen, so ist nunmehr noch auf eine andere Verflechtung einzugehen, die in meinen Augen den gravierendsten Rechtsverstoß der politischen Parteien in unserer Gegenwart darstellt: Ich meine die Verflechtung zwischen Staat und Parteien aufgrund der um sich greifenden parteipolitischen Ämterpatronage. Auch insoweit gibt es eine längere Geschichte, die zunächst zumindest angedeutet werden soll, um dann das Gesagte an einem aktuellen Beispiel, das wieder in die Zeit der Parteispendenaffäre Ende 1999 fällt, zu illustrieren:

Bereits 1956 stellt z. B. der Landesverband einer großen Volkspartei unmissverständlich fest[134]: Die Verwaltungsangehörigen, die unsere »Gesinnung« vertreten, sind die einzigen, »auf die wir dann noch rechnen können, wenn die politische Führung der Verwaltung einmal in andere Hände übergehen sollte«.

134 Bei den folgenden Zitaten handelt es sich – notwendigerweise – um Zweitzitate, sie finden sich bei *Schnibben/Skierka*, Macht und Machenschaften. Die Wahrheitsfindung in der Barschel-Affäre. Ein Lehrstück, 1988, S. 306.

Und dem ganz entsprechend, hat viele Jahre später der Fraktionsvorsitzende dieser Partei in einem vertraulichen Papier gefordert: »In der Beförderungspraxis muss sichtbar – und zwar geräuschlos – werden, dass unsere(!) Regierung« Parteifreunde »am ehesten für geeignet hält«, die von der Partei erwünschte »Politik an Ort und Stelle zu verwirklichen«. Dieses *Denken* ist – wie ich aus vielen Gesprächen mit Vertretern aller politischen Parteien weiß – in den Parteien weit verbreitet.

Die Einstellungs- und Beförderungs*praxis* der vergangenen Jahre in Bund, Ländern und Gemeinden beweist, dass entsprechend diesen Vorgaben auch seit langem gehandelt wird. Dazu sei hier nur aus bald 30jähriger eigener Beobachtung der entsprechenden Praxis eines Bundeslandes allgemein folgendes angemerkt: Zumindest die Spitzenpositionen in der Bürokratie werden inzwischen kaum noch streng im Sinne der verfassungsrechtlichen Bestimmungen nach Eignung, Befähigung und fachlicher Leistung sowie ohne Rücksicht auf politische Anschauungen vergeben. Vielmehr ist die »passende« Parteizugehörigkeit entgegen den genannten verfassungsrechtlichen Vorgaben zum dominierenden Beurteilungsfaktor geworden. Dabei plagen den kleinen Koalitionspartner gewöhnlich die geringsten Skrupel, wie in Niedersachsen besonders deutlich die Zeiten der rot-grünen Koalition in den Jahren 1990–94 gezeigt haben. Aber auch die FDP als zeitweiliger Koalitionspartner der CDU in der Ära der *Albrecht*-Regierung stand dem nicht allzu weit nach. Die Frage, ob die Spitzenbeamten entsprechende einschlägige Verwaltungserfahrungen – möglichst noch auf verschiedenen Verwaltungsebenen des Landes oder anderswo – gewonnen haben, interessiert daneben auch kaum noch. Inzwischen hat vielmehr – anspruchsvoll ausgedrückt – insoweit ein Paradigmenwechsel stattgefunden. Gefragt ist heute vor allem der (partei)politische Instinkt. Denn für die verbindlichen inhaltlichen Entscheidungen kann man sich ja entweder auf teuer bezahlte Gutachten oder das Votum der noch vorhandenen Restbestände von »gelernten« Bürokraten stützen. Und selbst den geforderten (partei)politischen Instinkt haben diese Spitzenbürokraten haufig nicht im »normalen« Berufsalltag erworben, sondern als Fraktionsmitarbeiter, persönliche Referenten eines Ministers, Assistent eines Bundestagsabgeordneten, im Ministerbüro usw. Dass eine solche Spitzenbürokratie beim nächsten Regierungswechsel dann weitgehend unbeschäftigt – ausgebremst – und gegen hohes Gehalt weiter mitgeschleppt wird, weil inzwischen ein anderer »politischer Instinkt« gefragt ist, interessiert kaum jemanden, obwohl mit dieser Beförderungspraxis auch ein offensichtlicher Verstoß gegen den verfassungsrechtlichen Grundsatz der Wirtschaftlichkeit und Sparsamkeit des Haushaltsgebarens verbunden ist.

Ich will die geschilderte Praxis an einem konkreten Beispiel festmachen, das der 18. Parlamentarische Untersuchungsausschuss des Niedersächsischen Landtags, der seinen Abschlussbericht im Juni 2000 vorlegte, zutage gefördert hat. Dieser Ausschuss hatte die mögliche Nichtbeachtung von Amtspflichten und Grundsätzen über die Vermeidung von Vorteilsannahmen seitens des ehemaligen Ministerpräsidenten *Glogowski* zum Thema. Sein eigentlich beunruhigendes Ergebnis betrifft nach meinem Dafürhalten nicht primär das Verhalten des ehemaligen Ministerpräsidenten, sondern die zentrale Rolle eines Spitzenbeamten der Staatskanzlei in diesem Geschehen. So hat es auch durchweg die regionale und überregionale Presse gesehen. Zu diesem exemplarischen Fall hier nur Folgendes[135]:

Dieser Spitzenbeamte selbst hat sich als der »Schattenmann« des ehemaligen Ministerpräsidenten verstanden bzw. als sein treuer Diener, der in seinen Vernehmungen durch den Untersuchungsausschuss deutlich seine Verachtung für die Beamtenschaft und Bürokratie – also für jenen Berufsstand, dem er angehört – zum Ausdruck gebracht hat. Sein beruflicher Werdegang besitzt Modellcharakter: Persönlicher Referent in *Glogowskis* Jahren als ehrenamtlicher Braunschweiger Oberbürgermeister, Büroleiter des Innenministers Glogowski und schließlich neben seiner Funktion als Abteilungsleiter in der Staatskanzlei immer noch zeitgleich Glogowskis Stellvertreter als Vorstand des SPD-Bezirks Braunschweig. Sein im Untersuchungsausschuss betontes Credo: Er habe seinem Chef »immer nur helfen wollen«. Diese Hilfe sieht dann so aus:

Erstaunten Bediensteten der Staatskanzlei erzählt dieser Spitzenbeamte, er habe früher im Keller des Innenministeriums Akten vernichtet und erklärt später im Untersuchungsausschuss, dass dies »ironisch« gemeint sei. In der Staatskanzlei nimmt er – zum Teil entgegen den geltenden Zuständigkeitsregeln – mehrere Rollen zugleich wahr. Er ist faktisch zeitweise Persönlicher Referent des Ministerpräsidenten, Büroleiter und Stellvertreter des Staatssekretärs in einer Person. Einmal fährt er sogar nach Braunschweig, um für den Ministerpräsidenten Aufsichtsratsunterlagen von den Stadtwerken abzuholen, obwohl er offenbar von ihm gar keinen entsprechenden Auftrag erhalten hatte und er als Mitarbeiter der Staatskanzlei dazu auch nicht berechtigt war. Als er im Untersuchungsausschuss danach gefragt wird, in welcher Funktion er denn diese Reise unternommen habe, antwortet er schlicht, er sei »als Mensch« dahin gefahren. Und eben dieses Verständnis veranlasst ihn dann wohl auch dazu, dass er – wie selbst die SPD-Mehrheit im Untersuchungsausschuss feststellt – allem Anschein nach eine Notiz von einem amtlichen Vermerk verschwinden lässt. Wörtlich heißt es dazu im Bericht des Untersuchungsausschusses[136]: »Der Zeuge … selbst hat nicht ausgeschlossen, dass er diese Handlung vorgenommen haben

135 Die folgenden Zitate habe ich der Berichterstattung in der Presse entnommen. Wie eine Durchsicht der Protokolle des Untersuchungsausschusses ergeben hat, sind sie korrekt.
136 NsLT-Drs. 14/1691, S. 78.

könnte, so dass es auf die Frage, ob seine Einlassung, er wisse dies nicht mehr, glaubhaft ist, nicht ankommt.«

Glogowski hat – das ist bekannt – diesem seinen »Schattenmann« wie kaum einem anderen seiner Mitarbeiter vertraut und darum – offensichtlich entgegen den anfangs erwähnten verfassungsrechtlichen Bestimmungen – seinen raschen Aufstieg zum Spitzenbürokraten ermöglicht. Es bleibt zu diesem Fall nur noch die Frage, wo und wie würde eigentlich eine politisch anders zusammengesetzte Landesregierung diesen Beamten sinnvoll weiter verwenden, und – wenn das nicht geschieht – wie viel Geld das den Steuerzahler kostet. Im Übrigen hat – worauf ergänzend ausdrücklich hinzuweisen ist – der *Barschel*-Untersuchungsausschuss des schleswig-holsteinischen Landtages vor Jahren ebenfalls gezeigt, dass neben der zentralen Rolle des »Medienreferenten« *Pfeiffer* auch andere Bedienstete der Staatskanzlei in durchaus fragwürdiger Weise zu der Affäre beigetragen haben. Wir haben es in dem geschilderten Fall offensichtlich also mit keinem Einzelfall zu tun!

III. Die prinzipielle verfassungsrechtliche Seite der geschilderten Fälle

1. Meine erste grundsätzliche verfassungsrechtliche Überlegung zu den drei geschilderten Fällen betrifft ihre Infragestellung des letzten Fundaments unseres Staates, das m. E. heute in seinem Verständnis als Verfassungsstaat gesehen werden muss. Wir haben gegenwärtig nämlich von überkommenen Vorstellungen darüber, was das Wesen des Staates ausmacht und was seine Bevölkerung als gemeinsame Erfahrung verbindet, in zweifacher Weise Abschied zu nehmen:

Zunächst ist Deutschland durch die vom Grundgesetz ausdrücklich gewollte fortschreitende Integration in die Europäische Union und ähnlich strukturierte internationale Organisationen kein souveräner Staat im überkommenen Sinne mehr, da als Folge dieser Entwicklung die Parlamente und Regierungen in Bund und Ländern über viele zentrale Aufgaben nicht mehr eigenverantwortlich entscheiden können. Und zweitens kann die Nationalstaatsidee aufgrund dieses eingetretenen Souveränitätsverlusts nicht mehr primär das die Bevölkerung Deutschlands einigende Band sein. Man kann es auch so sagen: Die Erfahrung, einer Nation anzugehören, wird zu einer Erfahrung, die für die Menschen in unserem Land vor allem das Bewusstsein *regionaler* Identität stiftet. Das ist heute der weitergehende staatstheoretische Sinn, der die Forderung nach Pflege der gemeinsamen Sprache und Geschichte sowie des Bewusstseins für den Lebensraum – die Heimat – rechtfertigt. Wem das zu wenig erscheint, der sei daran erinnert, dass genau diese Erfahrung (neben der nur noch einen Teil der Bevölkerung erreichenden Botschaft der Kirchen) den Homogenitätsdruck der auf Freiheit und Gleichheit aufbauenden modernen Industriegesellschaft zu kompensieren vermag – ein Druck übrigens, der sich im Zeitalter der Globalisierung noch ständig verstärkt. Es ist dieser staatlich zu fördernde Regionalismus, der den Menschen das Gefühl der Heimat im umfassenden Sinne gibt. So gesehen, hat darum auch wohl der öffentliche Streit über den Begriff »Leitkultur« seinen legitimen Sinn, weil sein richtig verstandener Inhalt ja eine solche Identität stiften könnte.

Es bleibt damit heute, wie gesagt, als wesentliches *politisches* Fundament für den deutschen Staat – den europäischen gibt es ja (noch?) nicht – sein Verständnis als *Verfassungs*staat. Und genau dieser Gedanke, den ich hier nicht näher entfalten kann[137], stellt den entscheidenden Grund dar, warum Verfassungsverstöße wie die drei geschilderten prinzipielle Bedeutung besitzen: Weil eben das letzte einigende Band der Bevölkerung in Deutschland die Verfassung ihres Staates ist, wird mit jedem Verfassungsverstoß – und namentlich mit einem solchen seiner höchsten politischen Repräsentanten – die Handlungsgrundlage des deutschen Staates nachhaltig in Frage gestellt.

2. Ist der deutsche Staat heute primär als Verfassungsstaat vorstellbar, dann stellt sich mit besonderer Dringlichkeit die Frage nach dem *Garanten* des Verfassungsstaates. Das Bundesverfassungsgericht kann diese Aufgabe nicht erfüllen, denn es bekommt nur ganz wenige und dann auch kaum noch zu reparierende Verfassungsverstöße in den Blick. Und ähnlich steht es mit der Funktion des Bundespräsidenten als weiterem Hüter der Verfassung bei der Ausfertigung von Gesetzen und der Ernennung von Bundesrichtern, Bundesbeamten, Offizieren und Unteroffizieren. Auch die Medien erfahren von solchen Fällen gewöhnlich erst dann, »wenn das Kind in den Brunnen gefallen ist«. Der Staat als Verfassungsstaat muss sich aber im täglichen Umgang mit dem Bürger bewähren. Und so bleibt nur ein intakter öffentlicher Dienst, der dies gewährleisten kann und muss.

Das Verständnis des Beamtenstandes als Garant der Verfassungsmäßigkeit des staatlichen Handelns ist kein neuer, aber fast vergessener Gedanke. Verwiesen sei nur auf die Regelung der württembergischen Verfassung von 1819. Denn sie enthielt bereits wie später viele in der Tradition des Liberalismus stehende Verfassungen der deutschen Mittel- und Kleinstaaten eine Regelung über den *Verfassungs*eid der Beamten, d. h. der Beamte wurde danach primär als

137 Dazu gehört vor allem der Hinweis, dass er einen Verfassungsbegriff voraussetzt, wie er hier in der vorstehenden Interpretation des Art. 79 Abs. 3 GG (s. dort besonders Kapitel VII bei Anm. 124f.) begründet wurde – für den also die Unterscheidung zwischen Verfassung und Verfassungsgesetz konstitutiv ist. Dass darüber hinaus auch eine *politische* Rückbesinnung auf den verbliebenen Sinn der deutschen Nation gerade im Blick auf ihre fortschreitende Integration in die Europäische Union erforderlich ist, sei aber ausdrücklich zugestanden (s. dazu schon hier bei Anm. 126f.).

Wahrer der Verfassung und nicht der königlichen Interessen verstanden. Ergänzt wurde diese Bestimmung in den frühen konstitutionellen Verfassungen häufig durch die Normierung der persönlichen Verantwortlichkeit des Beamten für die Beachtung der Verfassung (meistens gemildert durch eine Freistellung von der Haftung bei einem Handeln auf Befehl). Um die Wirksamkeit dieser Regelungen zu gewährleisten, sahen die genannten Verfassungen ansatzweise auch bereits die materielle Absicherung des Beamten und seine grundsätzliche Unkündbarkeit vor. Es ist dieses Verständnis des Beamtentums, das trotz mancher begrifflicher und inhaltlicher Verformungen in der Folgezeit bis heute verbindlich ist.

Die Sicherstellung des Verfassungsstaates durch die Bürokratie erschöpft sich – wie ausdrücklich entgegen der heute üblichen Sichtweise zu betonen ist – nicht in einer formalen Regelbindung. Denn nach dem Grundgesetz ist die Exekutive (wie die Gerichte) an Gesetz *und Recht* gebunden, was zumindest auch die Bindung an jene Rechtsprinzipien beinhaltet, die sich in einer fast tausendjährigen Rechtstradition herausgebildet haben. Hinzu kommt vor allem die verfassungsrechtliche Bindung allen staatlichen Handelns an den Gleichheitssatz. Damit ist ebenfalls nicht nur ein formaler, sondern auch und vor allem ein inhaltlicher Maßstab genannt. Das ergibt sich aus zwei fundamentalen Normen des Grundgesetzes: Einmal heißt es in Art. 1 Abs. 1, dass der Staat die Würde des Menschen »zu achten und zu schützen« hat und ergänzend dazu wird in Art. 2 Abs. 1 gesagt, dass »*jeder* das Recht« besitzt »auf die freie Entfaltung seiner Persönlichkeit, soweit er nicht die Rechte anderer verletzt und nicht gegen die verfassungsmäßige Ordnung oder das Sittengesetz verstößt«. Inhaltlicher Maßstab der Gleichbehandlung ist damit also die Gewährleistung der gleichen Freiheit. Man kann auch im Anschluss an eine klassische Definition dessen, was Gerechtigkeit ist, sagen, dass es Aufgabe der Bürokratie ist, jedem das Seine zukommen zu lassen (»suum cuique«). Genau das kann die Gesellschaft aus sich heraus nicht leisten; und auch ein Staat der nicht Rechtsstaat ist, unterliegt ständig der Gefahr, diese Zielsetzung zu verfehlen.

Erklärt man nun stattdessen – wie geschildert – die (partei)politische Gesinnung zum entscheidenden Beurteilungsfaktor für die Einstellung und Beförderung unserer Spitzenbürokraten, dann wird damit zwangsläufig – bewusst oder unbewusst – zugleich die Verfassungsbindung des öffentlichen Dienstes im eben erläuterten Sinn in Frage gestellt. *Deshalb* bestehen vor allem meine grundsätzlichen verfassungsrechtlichen Bedenken gegen die zunehmende parteipolitische Ämterpatronage.

3. Es besteht ein weiteres grundsätzliches Bedenken gegen die parteipolitische Ämterpatronage, das in der damit verbundenen Infragestellung der Trennung von Staat und Parteien begründet liegt. Das ergibt sich aus folgender Überle-

gung, die der große Parteienrechtler *Wilhelm Henke* in einem kurz vor seinem Tod im Jahre 1992 erschienenen Aufsatz geäußert hat[138]:

> »Die Entwicklung des Parteienrechts« begann in Deutschland nach dem Krieg »auf einer verfehlten Grundlage«. Herrschend wurde die »Lehre vom Parteienstaat …, in dem nicht mehr das Volk und nicht seine Repräsentanten im Parlament, sondern allein die Parteien den politischen Gemeinwillen und damit zugleich den Staatswillen bilden … In Abkehr von jeder ›Staatsverherrlichung‹ bekämpfte man die Unterscheidung von Staat und Gesellschaft, Staat und Parteien, Volk und Parteien … Im Eifer der Abkehr … übersah man, dass nicht eine Trennung des ›Obrigkeitsstaates‹ von der Gesellschaft und seine ›metaphysische Überhöhung‹ das totalitäre Herrschaftssystem heraufgeführt hatten – mochten sie auch die Bereitschaft, es anzunehmen, gefördert haben –, sondern die ideologische Identifikation von Volk, Partei und Staat mit der Folge einer bedingungslosen faktischen Unterwerfung der staatlichen Organe und Ämter unter den Willen der Partei oder ihres Führers. Gerade nicht die Einebnung der Unterscheidungen zugunsten eines durchgängigen, politischen Prozesses musste darum die Antwort auf das NS-Regime sein, sondern die Unterscheidung und – bei aller politischen Verknüpfung und gerade ihretwegen – rechtlichen Trennung von Staat und Parteien und die Einsicht, dass sie im politischen Gesamtprozess Mittler zwischen zwei getrennten Bereichen sind, dem der Organe und Ämter des Staates und dem der Gesellschaft … Heute geht es vor allem darum, dass die Parteien sich den Staat nicht ›zur Beute machen‹ … Ihre Nichtidentität mit dem Staat, ihre grundsätzliche Unterscheidung und rechtliche Trennung von seinen Organen und Ämtern ist die erste Voraussetzung für die Verhinderung solcher Beutezüge.«

Verfassungsrechtlich bedenkliche »Beutezüge« machen die politischen Parteien nun aber m. E. nicht primär – wie so oft behauptet – durch die von ihnen in den Parlamenten durchgesetzten Regelungen über die Parteien- und Fraktionsfinanzierung oder die Abgeordnetendiäten in Bund und Ländern. Vielmehr ist es vor allem die Ämterpatronage durch die politischen Parteien, die die Befürchtung rechtfertigt, dass sie sich den Staat »zur Beute machen«. Und zwar gemäß dem wiedergegebenen Zitat mit der bedenklichen Folge, dass auf diese Weise die Unterscheidung zwischen Staat und Parteien verwischt wird. Die Behauptung *Henkes*, dass darin letztendlich die Gefahr einer totalitären Herrschaft liegt, sollte man allerdings nach dem hier zur Ämterpatronage durch die Parteien Ausgeführten in dem Sinne realistisch abschwächen, dass sich entsprechende Entwicklungen gedanklich nicht völlig ausschließen lassen.

---

138 *Henke*, Der Staat 31 (1992), S. 98f.

IV. Denkbare rechtliche Korrekturen

1. Es sind namentlich in Anschluss an die CDU-Spendenaffäre viele Regelungsvorschläge für eine bessere Parteienfinanzierung gemacht worden. Wer die unglaublich nachlässigen Formulierungen der einschlägigen Vorschriften des Parteiengesetzes kennt, wird insoweit schon jeden lediglich klarstellenden Verbesserungsvorschlag für das geltende Recht begrüßen. Doch führen solche Klarstellungen wie auch die weitergehenden Bemühungen um bessere Lösungen für die Parteienfinanzierung kaum in der hier verhandelten grundsätzlichen Frage weiter, wie der aufgezeigten Infragestellung des Verfassungsstaates durch die für die politischen Parteien handelnden Personen in Regierung und Parlament wirksam begegnet werden kann.

Dafür scheint mir zunächst eine Rückbesinnung auf die verfassungsrechtlich festgelegten Aufgaben der Parteien erforderlich. Nach dem Grundgesetz (Artikel 21 Abs. 1 S. 1 GG) sollen sie bekanntlich bei der *politischen Willensbildung* des Volkes *mit*wirken, was doch bedeutet: Nur soweit die Parteien diese Aufgabe wahrnehmen, handeln sie rechtmäßig. Gedeckt von dieser verfassungsrechtlichen Aufgabenbestimmung ist also ihre Tätigkeit bei Wahlen und Abstimmungen und darüber hinaus im gesamten Prozess öffentlicher Auseinandersetzungen; daneben aber auch ihr Wirken in jenen Staatsorganen, die aus den Wahlen hervorgehen, d.h. namentlich ihre Tätigkeit in den Parlamenten. Dagegen widerspricht dieser Aufgabenzuweisung bereits die hier festgestellte Einflussnahme der Parteien auf die Exekutive. Denn in der Verwaltung findet grundsätzlich keine politische Willensbildung des Volkes statt (Ausnahme: Vertretungsorgane in den kommunalen Selbstverwaltungskörperschaften).

Die politischen Parteien sind danach – wie das Bundesverfassungsgericht zutreffend ausgeführt hat – zunächst einmal »notwendige Instrumente für die politische Willensbildung des Volkes« und darum als »politische Handlungseinheiten« zu verstehen, »deren heute die Demokratie bedarf, um die Wähler überhaupt zu politisch aktionsfähigen Gruppen zusammenzuschließen und ihnen so überhaupt erst einen wirksamen Einfluss auf das staatliche Geschehen zu ermöglichen«[139]. Neben diesen von den politischen Parteien primär in den Wahlen wahrgenommenen Funktionen ist es ihre Aufgabe, über ihre Fraktionen in den Parlamenten die politischen Meinungen der ihnen zuzurechnenden Abgeordneten zu bündeln und durch Debattenbeiträge und ein entsprechendes Abstimmungsverhalten eine bestimmte politische Absicht durchzusetzen.

Für das richtige Verständnis der politischen Parteien ist – was die Inhalte ihrer parlamentarischen Arbeit betrifft – m.E. schließlich noch die Beachtung der oft übersehenen Erkenntnis wichtig, dass der Schwerpunkt ihrer Tätigkeit in

139 Siehe nur BVerfGE 41, 399 (416).

der verbindlichen *Entscheidung* über Konzepte besteht, die notwendigerweise durchweg von der Exekutive stammen. Bürokratie kann eben nicht nur als *Vollzugs*bürokratie erstanden werden, sondern konzipiert – ggfs. unter Beachtung politischer Vorgaben durch die dazu *befugten* Entscheidungsträger – alle entscheidenden längerfristigen Planungen staatlicher Tätigkeit. Für die Länder ist als Beleg für diese Behauptung nur (und ähnlich sieht es im Bund aus) an die mittelfristige Finanz- und Aufgabenplanung und die daraus zu entwickelnden, alljährlich (bzw. im Zwei-Jahres-Rhythmus) zu erstellenden Haushaltspläne hinzuweisen oder auf die Landesraumordnungsprogramme, die etwa für alle wirtschaftlich bedeutsamen Standortentscheidungen und die von den Gemeinden aufzustellenden Flächennutzungs- und Bebauungspläne Vorgaben enthalten. Wohl gemerkt: Das sind alles im wesentlichen von der Bürokratie entwickelte Konzepte für die Politik. Und in diesen Zusammenhang gehört auch der Hinweis, dass die Verfassung ausdrücklich ein Gesetzesinitiativrecht der Regierung vorsieht und auch im Bundesrat die Landesregierungen (und nicht die Landesparlamente) bzw. im Ministerrat auf europäischer Ebene die Bundesregierung (und nicht der Bundestag) agieren, d. h. im Ergebnis wiederum, dass auch insoweit die sogenannte »Vollzugs«-Bürokratie ganz entscheidend ihre Hand mit im Spiel hat.

Einen wesentlichen Beitrag zur Sicherstellung des dargelegten funktionalen Parteienverständnisses unserer Verfassung würde nun zunächst eine Reform unseres Wahlrechts im Sinne eines reinen Mehrheitswahlrechts bewirken. Denn auf diese Weise würden die Parteien gezwungen, den Schwerpunkt ihrer Aktivitäten entsprechend dem hier Ausgeführten darauf zu konzentrieren, den geeigneten Wahlkandidaten zu präsentieren und damit ihr Selbstverständnis als Pogrammparteien zu relativieren. Das Argument, dass bei einer solchen Wahlrechtsreform die kleinen Parteien erheblich an Einfluss verlieren, schreckt mich nicht. Denn solange das verfassungsrechtliche Gebot gilt, dass die innere Ordnung aller Parteien »demokratischen Grundsätzen« entsprechen muss (Artikel 21 Abs. 1 S. 2 GG), habe ich keine Schwierigkeiten, auf diese Weise zustande gekommene Entscheidungen der großen Parteien, die eine parlamentarische Mehrheit finden, zu akzeptieren. Im Übrigen haben Finanzwissenschaftler vielfach darauf hingewiesen, dass es gerade die Koalitionsregierungen sind, die gewöhnlich zu einer erheblichen Ausweitung der Staatsausgaben führen. Wie schon bemerkt, ist es auch der kleine Koalitionspartner, der besonders intensiv die parteipolitische Ämterpatronage betreibt. Und übersehen werden sollte schließlich auch nicht, dass letztlich allein ein Zweiparteiensystem die klare Zurechenbarkeit von politischer Verantwortung als unverzichtbare Voraussetzung für eine wirklich demokratische Wahlentscheidung möglich macht. Zutreffend im Sinne des Gesagten hat bereits 1980 *Sebastian Haffner* festgestellt: »Die richtige Zahl von Parteien in einer funktionsfähigen Demokratie ist zwei, und nicht mehr; was darüber ist, das ist von Übel ... Ein ›Kanzlerverein‹ ist genau das, was eine Partei in der Demokratie in erster Linie zu sein hat ... Das Parteiprogramm ist demgegenüber zweitrangig«[140].

2. Die bisherige Entwicklung unserer Parteienstaatsdemokratie zeigt nun aber, dass die Einführung eines reinen Mehrheitswahlrechts nicht ausreichen würde, um die Einhaltung der verfassungsrechtlichen Grenze für das Tätigwerden der politischen Parteien zu gewährleisten. Denn der aufgezeigten Gefahr einer Nichtbeachtung der anfangs erwähnten verfassungsrechtlichen Bestimmungen über die Einstellung und Beförderung im öffentlichen Dienst ist damit nicht hinreichend begegnet. Deshalb muss konsequenterweise zumindest für die Bundesländer, die ja nach dem Grundgesetz die zentralen Exekutivbefugnisse besitzen, eine Direktwahl der Ministerpräsidenten gefordert werden (wobei zugleich ihre Amtszeit sinnvollerweise auf zwei Wahlperioden beschränkt werden sollte). Denn gestützt auf eine eigene demokratische Legitimation wären sie so in ihrer Personalauswahl und -führung weniger dem Druck der sie parlamentarisch unterstützenden Fraktion (bzw. Koalition) ausgesetzt. Flankierend könnte man an die m. E. verfassungsrechtlich durchaus zulässige Forderung denken, dass die Angehörigen des öffentlichen Dienstes mit Eintritt in diesen Dienst ihre Parteimitgliedschaft – soweit sie eine solche besitzen – ruhen lassen müssen. Der parteilich gebundene, nicht aber der durchaus erwünschte politisch denkende Beamte wäre damit ausgeschlossen, was sicherlich die Eigenständigkeit der Exekutive gegenüber Parlament und Parteien stärken würde.

Eben diese Eigenständigkeit der Exekutive ist es, die für die wirksame Wahrnehmung ihrer Rolle als Garant des Verfassungsstaates gefordert werden muss. Beachtet man daneben ihr gegenüber dem parteipolitisch bestimmten Handeln des Parlaments anders strukturiertes Entscheidungsverfahren, so kann gerade eine eigenständige Exekutive auch wesentlich dazu beitragen, dass sich in der gegenwärtigen Parteienstaatsdemokratie die Orientierung am nächsten Wahltermin nicht zum ausschließlichen Maßstab für das politische Handeln entwickelt. Entgegen der vielfach besonders von (Verfassungs-)Historikern geäußerten Befürchtung, dass mit der Forderung nach Anerkennung der Exekutive als eigenständiger demokratischer Entscheidungsgewalt ein Rückfall in längst überwundene konstitutionelle Denkmodelle einhergehe, ist also ausdrücklich zu betonen, dass es die *gegenwärtige* Parteienstaatsdemokratie ist, die zur Bewältigung der ihr gestellten Aufgaben dieser Korrektur bedarf.

140 *Haffner*, Überlegungen eines Wechselwählers, 1980, S. 105. 112. Wenn man diesen radikalen Systemwechsel im Wahlrecht ablehnt, könnte man als Kompromisslösung vor allem an das sog. Grabenwahlsystem denken, das m. E. zumindest einen positiven Effekt im hier gewünschten Sinne auslösen würde.

3. Man hat im Ergebnis also nach meinem Dafürhalten anzuerkennen, dass primär nicht die Vielfalt der Parteienlandschaft, sondern die echte Gewaltenteilung zwischen Parlament und Regierung die erwünschte Pluralität für das politische Handeln schafft. Das Grundgesetz will nicht das Meinungs- und Machtmonopol der Parteien, sondern es geht insoweit von einem eigenständigen Beitrag der Exekutive aus und daneben – darauf sei abschließend zumindest verwiesen – auch von einem entsprechenden Beitrag der besonders von den Medien geformten öffentlichen Meinung. Die entscheidende Frage, die hier nur angedeutet werden soll, weil sie nur mittelbar mit unserem Thema zusammenhängt, lautet insoweit, ob denn die tatsächliche Entwicklung unserer Medienverfassung – und namentlich die des öffentlich-rechtlichen Hörfunks und Fernsehens – nicht auch auf den verfassungsrechtlichen Prüfstand gestellt werden müsste. Besteht heute denn wirklich noch beim öffentlich-rechtlichen Rundfunk der verfassungsrechtlich zu fordernde Binnenpluralismus oder sind nicht – wie vielfach behauptet – auch hier die Vertreter der politischen Parteien in den Rundfunkräten weit über das wünschenswerte Maß hinaus faktisch bestimmend? Zumindest sollte nachdenklich stimmen, dass schon vor Jahren von einer »Denaturierung des binnenpluralen Gruppenrundfunks zum Parteienrundfunk«[141] gesprochen worden ist. Ich kann dieses Problem hier nur andeuten; will aber nicht verhehlen, dass bei Beachtung des zentralen Einflusses der Medien auf das gesamte politische Handeln in Deutschland an dieser Stelle die in meinen Augen offene Flanke meiner bisherigen Argumentation liegt. Denn die hier geäußerte Kritik am Meinungs- und Machtmonopol der Parteien hat ja nicht ihren großen Einfluss auf die staatliche Politik über die Medien berücksichtigt. Allerdings gaben dazu die geschilderten Ereignisse auch keinen Anlass.

V. Ergebnis und Ausblick

Im Ergebnis kann also am Schluss meiner Überlegungen mit gutem Grund die anfangs geäußert These bestätigt werden: Die geschilderten Fälle aus den vergangenen zwei Jahren stellen nicht nur konkrete Verfassungsverstöße dar, sondern werfen die allgemeine Frage auf, ob nicht durch sie die Grundlagen unseres Staates als Verfassungsstaat wesentlich tangiert sind. Doch warum dieser ganze gedankliche Aufwand? Wie intensiv auch immer die Grundlagen unseres Verfassungsstaates durch das Geschehene in Frage gestellt sind, das Leben – und auch das politische – geht weiter, und es kommen möglicherweise auch wieder bessere Zeiten. Bei einer solchen Feststellung kann ich mich allerdings aus einer letzten grundsätzlichen Überlegung nicht beruhigen:

141 *Bullinger*, in: Isensee/P. Kirchhof (Hrsg.). HStR VI, 1989, § 142 Rn. 92.

Der heutige Staat wird offensichtlich nicht mehr seiner Verantwortung für die *kommenden* Generationen gerecht. Er verschuldet sich fortlaufend in fast unvorstellbarem Maße zu Lasten der kommenden Generationen, anstatt der jetzt lebenden verbindliche Grenzen für ihren Lebensstandard zu setzen. Und er lässt eine Umweltbelastung durch die jetzige Wirtschaft und Gesellschaft in einem Umfang zu, der das Leben und die Gesundheit kommender Generationen in Frage stellt. Man denke beispielsweise nur an die Leichtfertigkeit, mit der unser Staat dem Problem einer möglichst sicheren atomaren Entsorgung seit Jahrzenten dadurch ausweicht, dass er den Atommüll weitgehend für viel Geld und durchweg unkontrolliert in Frankreich zwischenlagert und möglicherweise bald dem Problem seiner Endlagerung dadurch begegnet, dass er das arme Russland für eine ebenfalls nicht hinreichend kontrollierbare Endlagerung gewinnt. Ich glaube nicht, dass der deutsche Verfassungsstaat mit seiner von mir geschilderten tatsächlichen und rechtlichen Entscheidungsstruktur jetzt und in Zukunft bereit und in der Lage ist, diese Probleme zu lösen, und habe letztlich allein aus diesem Grund die angestellten Überlegungen hier geäußert.

3. Fragwürdiger Abschied vom Verständnis des Grundgesetzes als Mischverfassung[142]

I.

Die augenblickliche heftige Kritik der deutschen Medien und Politik an den verfassungsrechtlichen Entwicklungen in den USA, der Türkei sowie in Polen und Ungarn u. a. darf nicht dazu führen, die Augen vor ebenfalls bedenklichen Entwicklungen in der Verfassungswirklichkeit unseres Landes zu verschließen. Anlass für einen solchen Zwischenruf gibt vor allem das inzwischen in der Bundesrepublik Deutschland eingetretene Meinungsmonopol der politischen Parteien in der Staatswillensbildung und die weitgehende Umwandlung der verfassungsgerichtlichen (juristischen) Kontrolle der Staatsgewalt in eine solche mit (rechts-)politischem Charakter.

Demgegenüber ist nämlich daran zu erinnern, dass schon die vom Grundgesetz geforderte Gewaltenteilung zwischen Legislative, Exekutive und Judikative – interpretiert man sie i. S. Montesquieus – auch besagt, dass »nicht zwei und schon gar nicht alle drei Gewalten in der ausschließlichen Verfügung einer

142 Leicht gekürzter Text eines Vortrags, den ich im Januar 2017 vor Vertretern der niedersächsischen Wirtschaft gehalten habe. Die dem Text beigefügten Anmerkungen beschränken sich auf die Quellenbelege für die wörtlich wiedergegebenen Zitate.

einzigen sozialen Kraft oder eines Staatsorgans« sein dürfen[143]. Im Übrigen kennt das Grundgesetz ja auch eine sog. vertikale Gewaltenteilung zwischen Bund und Ländern (einschließlich der kommunalen Selbstverwaltungskörperschaften) und daneben – wie man heute sagen muss – ebenfalls eine vertikale Gewaltenteilung zwischen dem Bund und der Europäischen Union sowie anderen »zwischenstaatlichen Einrichtungen« (Artikel 24 Abs. 1 GG). Nimmt man hinzu, dass nach unserer Verfassung das Volk Inhaber der verfassungsgebenden Gewalt ist und deren rechtliche Bedeutung sich ja nicht mit dem Erlass des Grundgesetzes erledigt hat, so lässt sich auch zwischen einer parlamentarischen, letztlich durch die politischen Parteien inhaltlich geprägten Willensbildung und der des Volkes unterscheiden. In der Literatur ist darum zu Recht der Begriff »Machtteilung« als einheitlicher Oberbegriff für die drei erwähnten (und noch weiterer denkbarer) Erscheinungsformen rechtlicher Disziplinierung staatlicher Machtausübung gewählt und in eben dieser Machtteilung ein Kennzeichen jeder »Mischverfassung« gesehen worden[144], – eines Verfassungstyps also, dem das Grundgesetz aufgrund der genannten Machtteilungen zuzurechnen ist.

II.

Vergleicht man nun aber diese im Grundgesetz geregelte Machtteilung mit ihrer Entwicklung in der deutschen Verfassungswirklichkeit, so fällt zunächst auf, dass der politische Gestaltungsauftrag des Gesetzgebers, der Legislative, inzwischen durch die Rechtsprechung des Bundesverfassungsgerichts nachhaltig in Frage gestellt worden ist.

Es gibt wohl kaum einen anderen Staat in der Welt, in dem im gleichen Umfang wie in Deutschland über die grundlegenden politischen Fragen des Gemeinwesens *letztverbindlich* durch ein Gericht entschieden wird. Vielmehr geschieht das in den übrigen Staaten primär durch die gewählten Regierungen und vor allem durch die Parlamente oder das Volk selbst. Durch juristische Auslegung der Verfassung will man also stattdessen in der Bundesrepublik Deutschland die zentralen politischen Konflikte lösen. Hier nur einige Beispiele aus der Rechtsprechung des Bundesverfassungsgerichts zur Veranschaulichung des Gesagten. So hat das Gericht etwa seit seiner Gründung über folgende Fragen entschieden:

- Verbot von links- und rechtsextremen Parteien in der Frühzeit der Bundesrepublik
- Gültigkeit der Ostverträge der Regierung Brandt/Scheel

143 So zur Lehre Montesquieus *Alois Riklin*, in: Neue Zürcher Zeitung vom 30. April 1999, S. 53.
144 Siehe besonders: *Alois Riklin*, Machtteilung. Geschichte der Mischverfassung (2006).

- Bau und Betrieb von industriellen Großvorhaben wie Atomkraftwerken und Flughäfen
- Zustimmung Deutschlands zur Erweiterung und Vertiefung der Europäischen Union (Verträge von Maastricht und Lissabon)
- Zulässigkeit des Schwangerschaftsabbruchs
- Einsatz der Bundeswehr in Somalia auf Bitten der UNO
- Schließlich: Zulässigkeit der Griechenlandhilfen, des EURO-Rettungsschirms, eines europäischen Stabilitätsmechanismus und des Ankaufs von Staatsanleihen durch die EZB.

Wer sich nun genauer mit den Gesetzmäßigkeiten des juristischen Denkens befasst hat, wird bei der Lektüre vieler dieser Urteile (und zahlreicher anderer) zu dem Schluss kommen, dass sie häufig nicht das Ergebnis streng juristischer Erwägungen, für die allein ein Gericht zuständig sein kann, sind, sondern man es insoweit durchweg mit einer *Schein*-Verrechtlichung politischer Entscheidungen zu tun hat, die dann aber als rechtlich zwingend verkauft werden.

Im vorliegenden Zusammenhang besitzen nun die zahlreichen Urteile des Bundesverfassungsgerichts besondere Bedeutung, in denen es um die Vereinbarkeit geltender Gesetze mit den Grundrechten unserer Verfassung ging. Denn das Gericht hat sich in diesen Verfahren zunächst mehrfach von dem schon wegen der demokratischen Legitimation des Gesetzgebers nach wie vor überzeugendem Gedanken verabschiedet, dass die Grundrechte keinen »Anspruch auf eine bestimmte Rechtssetzung« geben, sondern »nur« einen »Anspruch auf Abwehr von Ermessenmissbrauch bei der Rechtssetzung«[145]. Noch problematischer ist aber der Umstand, dass sich das Bundesverfassungsgericht insoweit häufig nicht auf die juristische Überprüfung der in Frage stehenden gesetzlichen Vorschriften beschränkte, sondern seine einschlägigen Urteilsbegründungen daneben vielfach allgemeine rechtspolitische Ausführungen enthalten, die vom Bundesverfassungsgericht dann obendrein noch ausdrücklich im Tenor seines Urteils als ebenfalls für den Gesetzgeber verbindlich erklärt werden. Welche Probleme diese zuletzt erwähnte Entscheidungspraxis dann dem parlamentarischen Gesetzgeber bereitet, kann ein Beispiel, das für so manches andere steht, zeigen. Ich habe es selbst vor vielen Jahren als Parlamentsjurist im Niedersächsischen Landtag erlebt.

In der Begründung des bis heute höchst umstrittenen Urteils des Bundesverfassungsgerichts zum Volkszählungsgesetz von 1983 (BVerfGE 65, S. 1 ff.) finden sich ausführliche allgemeine Erörterungen zur erforderlichen Organisation und zum Verfahren des Datenschutzes in Bund und Ländern, die für die Entscheidung des konkreten Falles nicht erforderlich waren. Es waren diese über

145 So *Jan Schapp*, JZ 1998, S. 913 (917).

den streitigen Fall weit hinausgehenden (aber im Urteilstenor für verbindlich erklärten) Ausführungen des Gerichts, durch die sich dann (auch) der niedersächsische Landesgesetzgeber zur Änderung seines Ausweisgesetzes, Meldegesetzes, Statistikgesetzes und Datenschutzgesetzes und weiter auch zur Errichtung eines neuen selbstständigen Amtes aus Gründen des Datenschutzes veranlasst sah. Die entsprechenden Änderungen der genannten Gesetze und die getroffenen Organisationsentscheidungen beruhten dann zwar der *Form* nach auf den entsprechenden Beratungen im Niedersächsischen Landtag; der *Sache* nach aber waren sie das Ergebnis einer durch das genannte Urteil des Bundesverfassungsgerichts veranlassten verfassungsrechtlichen Kaffeesatzleserei der beratenden Landtagsauschüsse. Aber nicht nur die durch eine solche Spruchpraxis ausgelöste Verkümmerung des politischen Prozesses ist bedenklich, sondern ebenso die damit verbundene Erstarrung der Rechtordnung. Denn selbst für den demokratisch legitimierten Gesetzgeber bleiben ja solche allgemeinen Aussagen des Bundesverfassungsgerichts so lange verbindlich, bis dieses insoweit seine Rechtsprechung vielleicht irgendwann einmal ändert.

Im Ergebnis hat also der Wandel von der im Grundgesetz vorausgesetzten *juristischen* Kontrolle der Legislative durch das Bundesverfassungsgericht in eine weitgehende (rechts-)*politische* des Gerichts die Machtteilung zwischen Legislative und Judikative nachhaltig gestört. Die Rechtsprechung des Bundesverfassungsgerichts ist damit auf dem besten Weg, sich methodisch der des Europäischen Gerichtshofs anzunähern, die man bereits als »Politik in Form der Rechtsprechung« gekennzeichnet hat[146].

III.

Durch das von den politischen Parteien inzwischen beanspruchte Meinungsmonopol in der Staatswillensbildung ist nun ebenfalls die Machtteilung zwischen Legislative und Exekutive in Frage gestellt. Nach dem Grundgesetz sollen die politischen Parteien als privatrechtliche Vereinigungen zwar lediglich an der politischen Willensbildung des Volkes »*mit*wirken« (Artikel 21 Abs. 1 GG). In der politischen Realität haben sie aber entgegen ihrem so begrenzten verfassungsrechtlichen Auftrag maßgeblich zur Nivellierung der *vertikalen Gewaltenteilung* zwischen Bund und Ländern beigetragen und die *Gewaltenteilung zwischen Legislative und Exekutive* praktisch aufgehoben. Das ist jetzt genauer zu schildern:

Was die zuerst genannte Entwicklung betrifft, so ist zunächst daran zu erinnern, dass die Schöpfer des Grundgesetzes mit der Schaffung des Bundesrates

146 So *Dietrich Murswiek*, JZ 2017, S. 53 (59).

das Ziel verfolgten, bei der Entscheidungsfindung in zentralen politischen Fragen des Bundes auch den *Länder*interessen und dem Sachverstand der *Landes*regierungen Geltung zu verschaffen. Darum sollten vor allem die *wichtigsten* Gesetze des Bundes (ca. 90 % inzwischen) für ihr Inkrafttreten der Zustimmung des Bundesrates bedürfen. Nun richten aber seit vielen Jahren die Landesregierungen als Teil der Exekutive insoweit ihr entsprechendes Abstimmungsverhalten nicht mehr primär nach dem jeweiligen Interesse ihres Landes, sondern folgen darin dem politischen Druck »ihrer« Bundesparteien, – mit der Folge, dass die Opposition im Bundestag die meisten vom Bundestag mit der Regierungsmehrheit beschlossenen Gesetzesvorhaben über den Bundesrat blockieren kann, wenn sie die Mehrheit der Bundesratsstimmen »besitzt«.

Eine besonders problematische Variante dieser Möglichkeit einer Blockade der Bundesgesetzgebung durch den Bundesrat erleben wir im Augenblick: Die rot-grünen bzw. schwarz-grünen Koalitionsregierungen in den Ländern besitzen z.Zt. die Stimmenmehrheit im Bundesrat. In den entsprechenden Koalitionsverträgen dieser Länder haben die Grünen auf der Regelung bestanden, dass die jeweilige Landesregierung im Bundesrat nicht gegen ihren Willen als Koalitionspartner einem Bundesgesetz zustimmen darf. Im Ergebnis ist damit also für fast jedes wichtige Bundesgesetz die Zustimmung der CDU/CSU, SPD *und* der Grünen erforderlich. Deshalb muss man von Deutschland als einem Allparteienbundesstaat sprechen, der relevanten politischen Veränderungen durchweg im Wege steht. Solche von der politischen Mehrheit gewollten Veränderungen hängen z.Zt. letztlich also – das muss man sich einmal klar machen – von der kleinen politischen Minderheit der Grünen in einigen Bundesländern ab!

Um es noch einmal zu wiederholen: Der gegen die Intention unserer Verfassung in dieser Form erfolgte Zugriff der Parteien auf die Meinungsbildung im Bundesrat stellt zugleich einen Zugriff auf die Meinungsbildung der Exekutive dar. Denn es sind ja die Landes*regierungen* als Vertreter der Exekutive, die auf diese Weise parteipolitisch dominiert werden. Die politischen Parteien haben es dabei aber nicht bewenden lassen, sondern die von ihnen betriebene Ämterpatronage stellt noch entschiedener die Exekutive als eigenständige Staatsgewalt in Frage. Darauf ist jetzt noch einzugehen.

In unserer Verfassung heißt es zwar, dass niemand u.a. wegen seiner »politischen Anschauungen benachteiligt oder bevorzug werden« darf (Artikel 3 Abs. 3 GG) bzw. »jeder Deutsche … nach seiner Eignung, Befähigung und fachlichen Leistung gleichen Zugang zu jedem öffentlichen Amte« hat (Artikel 33 Abs. 2 GG). Nun ist aber allgemein bekannt – und ich könnte aus eigener Erfahrung einiges zu diesem Thema beisteuern –, dass namentlich die Spitzenpositionen im öffentlichen Dienst unter Verstoß gegen die zitierten verfassungsrechtlichen Bestimmungen sehr häufig nur nach der erwünschten Parteizugehörigkeit des Bewerbers besetzt werden. Insoweit ist übrigens nicht nur der permanente Verfassungsverstoß als solcher problematisch, sondern auch der jedem Eingeweihten bekannte Umstand, dass bürokratische Eliten eben nicht – wie so viele Politiker meinen – den Regierungen automatisch aus »ihren« Parteien und Fraktionsstäben zuwachsen, sondern dieser Personenkreis *weitergehende* Qualitäten besitzen muss, deren Fehlen man auch nicht durch teuer bezahlte Gutachten, Scheinprivatisierungen oder den faktischen Verzicht auf die verfassungsrechtlich gebotene Staatsaufsicht »kompensieren« kann.

Die geschilderte Entwicklung ist nun besonders aus folgendem Grund verfassungsrechtlich bedenklich: Die jede Mischverfassung kennzeichnende rechtsstaatliche Kontrolle der staatlichen Machtausübung kann in der gebotenen Effektivität und Intensität nun einmal allein die Exekutive leisten. Denn die Judikative wird ja lediglich auf einen besonderen Antrag hin tätig, und sie vermag im Übrigen nach ihrem verfassungsrechtlichen Auftrag nur eine punktuelle, durch die Gesetzmäßigkeiten des juristischen Denkens bestimmte Kontrolle auszuüben. Und die parlamentarische Opposition kontrolliert das Handeln der Regierungsfraktion(en) fast ausschließlich unter politischen Gesichtspunkten, – das ist ihre verfassungsrechtlich legitime Funktion. Garant für ein willkürfreies Staatshandeln ist also, wie gesagt, letztlich vor allem die Exekutive, die ja trotz ihrer durch das parlamentarische Regierungssystem bedingten Abhängigkeit von der jeweiligen parlamentarischen Mehrheit ihr gesamtes (und damit auch rechtliches) Handeln vor *allen* Bürgern zu verantworten hat. Darum ist es verfassungsrechtlich so bedenklich, wenn durch die politischen Parteien die dem Bundesrat vom Grundgesetz zugedachte Aufgabe, die »strukturelle *Gegenläufigkeit* von Parteiensystem und Bundesstaat« zu gewährleisten[147], unterlaufen wird. Und ebenso bedenklich ist es aus eben diesem Grund, wenn die politischen Parteien heute einen so maßgeblichen (verfassungswidrigen) Einfluss auf die Personalpolitik des öffentlichen Dienstes ausüben.

IV.

Wie exemplarisch die unter maßgeblicher Beteiligung der deutschen Politik seit 2010 eingeleiteten Griechenlandhilfen der Europäischen Union zur Rettung des Euro zeigen, ist es schließlich auch in der Machtteilung zwischen der verfassungsgebenden Gewalt des deutschen Volkes und den von den politischen Parteien (ihren Fraktionen) inhaltlich bestimmten parlamentarischen Kompetenzen zu Verwerfungen gekommen. Diese europäischen Rettungsmaßnahmen

---

147 So *Gerhard Lehmbruch*, Parteienwettbewerb im Bundesstaat (2. Aufl. 1998), S. 180, genauer dazu S. 77 ff.

haben ja einen Wandel der Europäischen Union von einer Stabilitäts- in eine Transferunion und Haftungsgemeinschaft mit sich gebracht und können – was die weitere Entwicklung der Europäischen Union betrifft – wohl nur als der Beginn des Weges in einen europäischen Bundesstaat verstanden werden.

Aus deutscher Sicht wurden mit den genannten europäischen Rettungsmaßnahmen darum nach Meinung vieler Verfassungsjuristen die vom Grundgesetz gezogenen Grenzen der Ermächtigung zur europäischen Integration überschritten, – oder anders gesagt: Der Bundestag besaß keine Kompetenz zur Billigung dieser die Identität unserer Verfassung (Artikel 79 Abs. 3 GG) berührenden europäischen Maßnahmen, sondern darüber zu entscheiden, war allein Sache der verfassungsgebenden Gewalt des deutschen Volkes. Denn das Bundesverfassungsgericht hat m. E. zu Recht betont, dass »die Verletzung« der in Artikel 79 Abs. 3 GG »festgelegten Verfassungsidentität ... aus der Sicht des Demokratieprinzips zugleich ein Übergriff in die verfassungsgebende Gewalt des Volkes« ist[148]. Wenn das Gericht dennoch in seinen einschlägigen Urteilen zu den Griechenlandhilfen diese Folgerung nicht gezogen hat, so kann das wohl nur mit seiner (allzu verständlichen) Scheu erklärt werden, dann eben die Verletzung der verfassungsgebenden Gewalt des deutschen Volkes als tragendes rechtliches Argument in den von ihm zu entscheidenden politisch hoch brisanten Fällen anerkennen zu müssen; was umso mutiger gewesen wäre, als es sich bei dem Begriff der verfassungsgebenden Gewalt des Volkes ja um einen »Grenzbegriff des Verfassungsrechts«[149] handelt. Spätestens an dieser Stelle unserer Überlegungen zeigt sich übrigens auch noch einmal mit aller Deutlichkeit die schon anfangs angesprochene grundsätzliche Problematik einer verfassungsgerichtlichen Befassung mit genuin politischen Fragen.

Unabhängig nun von der abschließenden verfassungsrechtlichen Beurteilung der hier in Frage stehenden europäischen Rettungsmaßnahmen wird man für den vorliegenden Fall zumindest mit Erstaunen registrieren müssen, wie wenig insoweit das grundsätzliche Problem der richtigen Machtteilung zwischen der verfassungsgebenden Gewalt des deutschen Volkes und den Kompetenzen des Bundestages die einschlägige Diskussion bestimmt hat. Das erstaunt auch deshalb, weil diese Frage die weitergehende implizierte, ob nicht für eine abschließende verfassungsgerichtliche Entscheidung darüber trotz ihrer europarechtlichen Auswirkungen allein das Bundesverfassungsgericht zuständig war, – das viel beschworene »Kooperationsverhältnis« zwischen Bundesverfassungsgericht und Europäischem Gerichtshof insofern also keine rechtliche Bedeutung besaß.

---

148 So BVerfGE 123, S. 267 (344).

149 So *Ernst-Wolfgang Böckenförde*, Staat, Verfassung, Demokratie. Studien zur Verfassungstheorie und zum Verfassungsrecht (1991), S. 90.

V.

Es lässt sich nach alledem nicht mehr leugnen, dass heute wesentliche rechtsstaatliche Grundsätze in der deutschen Verfassungswirklichkeit keine Bedeutung mehr besitzen. Man hat bei uns in der Staatspraxis eben zu einseitig auf das Monopol der politischen Parteien in der Staatswillensbildung und die primäre Kontrolle des staatlichen Handelns durch das Bundesverfassungsgericht gesetzt. Verkannt wurde dadurch, wie sich zeigte, vor allem die tragende Rolle der Exekutive als Garant eines willkürfreien Staatshandelns. Verkannt wurde aber auch die juristische (und politische) Tragweite des zentralen Satzes unserer Verfassung, dass »alle Staatsgewalt … vom *Volke*« ausgeht (Artikel 20 Abs. 2 GG). Denn er verlangt besonders, dass die verfassungsgebende Gewalt des deutschen Volkes wirklich ernst genommen wird. Angesichts dieser verfassungsrechtlichen Entwicklung könnten nun m. E. folgende Reformvorschläge zur Erneuerung des anfangs geäußerten Gedankens beitragen, dass das Grundgesetz – richtig interpretiert – den Charakter einer Mischverfassung, für die ja gerade eine ausgewogene Machtteilung kennzeichnend ist, besitzt:

Zunächst lässt sich die eingetretene Schein-Verrechtlichung politischer Entscheidungen durch die Rechtsprechung des Bundesverfassungsgerichts wohl am ehesten begrenzen, wenn man sozusagen als »Vorfilter« für die verfassungsgerichtlichen Normenkontrollerfahren das nur indirekt aus dem Grundgesetz ableitbare materielle Prüfungsrecht des Bundespräsidenten bei der Ausfertigung von Gesetzen in dem Sinne aufwerten würde, dass es ausdrücklich in unserer Verfassung anerkannt wird. Das würde dann ja auch eine zusätzliche verfahrensrechtliche Absicherung der durch Artikel 79 Abs. 3 GG geschützten Verfassungsidentität implizieren. Bei einer *Direktwahl* des Bundespräsidenten durch das Volk gewönne eine solche Vorkontrolle natürlich eine noch viel größere politische Bedeutung, die mit Sicherheit auch besonders wirksam die Normenkontrollkompetenz des Bundesverfassungsgerichts einschränken würde. Aufgrund seiner direkt-demokratischen Legitimation könnte dann dem Bundespräsidenten darüber hinaus wohl ebenfalls ein »materielles Prüfungsrecht« bei wichtigen Personalentscheidungen, welche die »neutralen« Institutionen unseres Staates betreffen, zugesprochen werden – etwa bei der Ernennung der Bundesverfassungsrichter und der Leitung des Bundesrechnungshofs sowie bei der Bestellung der Spitze der deutschen Bundesbank.

Des *Weiteren* würde das dargelegte Meinungsmonopol der politischen Parteien sicherlich durch eine Direktwahl der Ministerpräsidenten in den Bundesländern relativiert. Vor allem gewönne dann der Bundesrat seine ihm von Grundgesetz ursprünglich zugedachte Rolle zurück. Denn ein direkt vom Landesvolk gewählter Ministerpräsident würde sein Stimmverhalten im Bundesrat wohl primär an den Landesinteressen (und nicht am Willen der jeweiligen

Bundespartei) ausrichten. Auch seine Personalpolitik wäre aufgrund seiner eigenständigen demokratischen Legitimation nicht so stark dem Druck der politischen Parteien ausgesetzt. Schließlich übten die Landtage dann endlich wieder eine echte parlamentarische Kontrolle aus, was gerade bei einem Verständnis der Bundesländer als höherer *Verwaltungs*einheiten, wie es letztlich dem Grundgesetz zugrunde liegt, nur zu begrüßen wäre. Übrigens bedürfte es zur Realisierung dieses Reformvorschlages keiner Änderung des Grundgesetzes, sondern er ließe sich durch die Bundesländer – wenn sie denn wollen – durch eine entsprechende Änderung ihrer jeweiligen Landesverfassung ins Werk setzen.

Was *schließlich* die hier kritisierte Missachtung der verfassungsgebenden Gewalt des deutschen Volkes betrifft, so entzieht sich dieses Phänomen naturgemäß jeder rechtlichen Regelung. Doch sollte diese Kritik zumindest Anlass zu der Überlegung sein, in welcher Form man den in der politischen Realität zu beobachtenden »reaktiven Souverän«[150], wie er sich etwa in zahlreichen wirkungsmächtigen Bürgerinitiativen der vergangenen Jahre gezeigt hat, gerecht werden kann. Als verfassungsrechtliche Möglichkeit der Artikulation (und möglichen Durchsetzung) derartiger Anliegen kommen nun, wie ich meine, auch für das Grundgesetz besonders die in einigen deutschen Landesverfassungen enthaltenen Regelungen über Volksinitiativen, Volksbegehren und Volksentscheid in Betracht. Mit einer solchen Verfassungsreform verlöre dann auch – unabhängig von der tatsächlichen Nutzung dieser Möglichkeit – die gängige Kritik an der fehlenden staatlichen Berücksichtigung der wirklichen Bürgerinteressen weitgehend ihre Berechtigung.

Es ist allerdings nicht davon auszugehen, dass es in nächster Zeit zur Realisierung dieser Reformvorschläge kommt. Die geschilderte Verfassungswirklichkeit entspricht nun einmal dem z. Zt. herrschenden politischen Denken in Deutschland. Und man vermag auch wegen der heutigen Geschichtsvergessenheit durchweg keinen Zugewinn an verfassungsrechtlicher Erkenntnis darin zu sehen, dass das deutsche Verfassungsdenken bei entsprechenden Reformen in die weitgehend vergessene große Tradition der Mischverfassung, die ja gerade in der deutschen Verfassungsgeschichte so einzigartig durchdekliniert worden ist, einrücken würde. Wirklich bewegen wird sich insoweit nach meinem Eindruck in unserem Land nur dann etwas, wenn die politischen Extreme linker und/oder rechter Provenienz weiter zunehmen. Dann könnte es allerdings für erforderliche Reformen in unserem Staat zu spät sein.

150 Ausdruck von *Heidrun Abromeit*, in: Hauke Brunkhorst/Peter Niessen (Hrsg.), Das Recht der Republik (1999), S. 34.

Beiträge zu Grundfragen des Rechts

Herausgegeben von Stephan Meder

Die drei Grundfragen des Rechts, die vor gut zweihundert Jahren der Rechtsgelehrte Gustav Hugo formulierte – »Was ist Rechtens?«, »Wie ist es Rechtens geworden?« und »Ist es vernünftig, daß es so sey?« – stellen sich bis heute. Die Frage nach dem geltenden Recht zielt heute nicht nur auf dessen Prinzipien und Regeln, sondern auch auf das Verhältnis von Gesetz und Recht, juristischer Geltung und sozialer Wirklichkeit. Die Frage nach der Geschichte des Rechts betrifft auch das sich wandelnde Verhältnis zwischen den Rechtsquellen sowie das Verhältnis von Tradition und Gegenwartsbezug der Rechtsinhalte. Die Frage nach den richtigen Inhalten des Rechts bezieht sich heute vor allem auf das rechtliche Verhältnis zwischen der größtmöglichen Freiheit des Einzelnen und dem notwendigen Mindestmaß sozialer Gleichheit und Gemeinwohlbindung des Rechts. So sind die Grundfragen des Rechts niemals von lediglich theoretischer Bedeutung, sondern haben einen unmittelbar praktischen Bezug zur Rechtsentstehung, Rechtsauslegung und Rechtsanwendung. Antworten auf diese Fragen versuchen aus unterschiedlichen Perspektiven die Beiträge dieser Reihe zu geben.